LETTRES

D'UN

PAYSAN GENTILHOMME

SUR LA LOI DU 28 MAI 1858 ET LE DÉCRET DU 8 JANVIER 1859

RELATIFS AUX NOMS ET TITRES NOBILIAIRES

Par CH. DE CHERGÉ

ANCIEN PRÉSIDENT DE LA SOCIÉTÉ DES ANTIQUAIRES DE L'OUEST,
Ancien Correspondant du Ministère de l'Instruction publique,
Correspondant du Ministère d'État,
Corédacteur, avec M. Beauchet-Filleau, du Dictionnaire des Familles de l'ancien Poitou, etc.

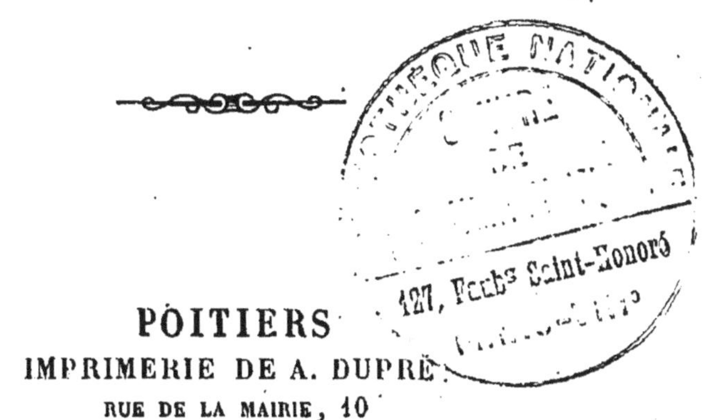

POITIERS
IMPRIMERIE DE A. DUPRÉ
RUE DE LA MAIRIE, 10

1860

LETTRES

D'UN

PAYSAN GENTILHOMME

LETTRE-PRÉFACE

Où l'on verra ce que c'est que cette Brochure.

LETTRE-PRÉFACE

Où l'on verra ce que c'est que cette brochure.

Qui vive!..

A M. N...

Monsieur, vous m'engagez, et d'autres m'y incitent également, à réunir en une brochure ce que vous avez déjà lu, dans le *Journal de la Vienne*, de mes lettres sur la loi du 28 mai 1858, et celles que vous ne connaissez que par ouï-dire. Vous ajoutez à cette invitation, déjà si gracieuse par elle-même, des mots trop obligeants, des appréciations trop bienveillantes. Je me rends à ce vœu beaucoup trop flatteur pour moi, mais sans avoir la sotte vanité d'espérer que vous puissiez trouver dans ces lettres ce que vous y chercherez peut-être, et ce que vous y chercherez en vain. Ces lettres ne constitueront point un traité *ex professo* sur la matière; elles ne seront même pas un *commentaire* sur la loi du 28 mai 1858. Loin d'elles de pareilles prétentions!.. Ce sont tout bonnement des lettres spontanées, rapides comme un article de journal (et elles en ont tous les défauts), qui répondent, il est vrai, à des questions posées sur des *espèces*, ainsi que disent MM. les avocats, se rapportant, par le fait, à l'interprétation de la loi du 28 mai 1858 ou du décret du 8 janvier 1859, mais qui ne vous apprendront rien (je le crains fort) que vous ne sachiez déjà. Cependant, puisque vous me dites, en termes d'une loyale franchise, que mes « lettres insérées au *Journal de la Vienne* ont rectifié dans votre esprit plus d'un point de vue inexact, » eh bien, j'accepte franchement, aussi moi, cette déclaration, et le peu « que je sais, je l'offre » même « à ceux qui savent » davantage.

Vous pensez très-vrai, du reste, Monsieur, quand vous dites que « la dernière loi remet notre société en face de toute une série d'idées depuis longtemps inexplorées, sur lesquelles l'éducation du public, même de celui qui veut rester juste, est à faire ou à refaire. » — Mais je n'ajouterai pas avec vous que vous puissiez « apprendre beaucoup de choses à mon école. » D'autres, avant moi, ont traité de ces matières avec beaucoup plus d'autorité que je ne saurais le faire, et mon seul mérite, si mérite il y a, sera d'avoir pris l'application de la loi *sur le fait*, et d'avoir apprécié cette *pierre de touche* de la loi même.

Que sera donc mon humble brochure? Eh! mon Dieu, l'expression exacte des impressions éprouvées par la loyale intelligence d'un honnête homme, chaque jour et pour ainsi dire à chaque heure du jour, au bruit de ce que les oreilles de cet honnête homme entendent autour de lui, à la vue de ce que ses yeux découvrent à l'horizon qui l'entoure.

Épiez, Monsieur, la marche de mes idées, telle qu'elle est indiquée dans l'ordre même de mes lettres; vous la verrez suivre parallèlement celle des faits que m'a révélés la mise à exécution de la loi nouvelle, et se modifier avec ses propres allures.

Au moment où une circulaire qui a fait bruit annonce l'intention sérieuse d'une révision générale des noms d'*apparence nobiliaire*, me reportant aux documents officiels qui ont précédé, accompagné et suivi la loi du 28 mai 1858, aux déclarations solennellement faites sur son véritable esprit et sur les justes limites de son application, dans ma bonne foi, non équivoque assurément, j'indique aux ministres de la loi le guide fidèle qui rendra leurs pas plus sûrs, la source pure où ils pourront puiser la saine appréciation des droits de leurs justiciables; je contribue même, par mon heureuse initiative, à faire mettre à la disposition des magistrats poitevins ce guide fidèle, cette source pure.

Puis je prévois des difficultés que l'œil d'un honorable confrère en journalisme semble n'avoir entrevues qu'à demi, et je les signale, en recommandant toujours à la prudence du magistrat les précautions qui l'empêcheront de s'y heurter.

Mais voilà que, pauvre Cassandre, j'ai prédit juste; ces difficultés dans la pratique se dressent de toute leur hauteur (et quelle hauteur!), et la pratique me révèle bientôt un abîme profond de conséquences effrayantes pour tout le monde,—justiciables et justiciers.— Je m'inquiète, et non pas d'une inquiétude factice, car je me sens, non dans ma personne, mais dans celle de tous mes pairs, menacé par des tendances fâcheuses, grosses de dangers qu'il faut avant tout prévenir, conjurer... Je sens cela, comme on sent encore à mon âge, lorsque quelque chose coule dans les veines, lorsque ce quelque chose fait battre d'une certaine façon le cœur dans la poitrine, et je jette un cri d'alarme, qui ne reste pas sans écho... A ce cri répond, j'en ai la preuve, un sentiment sympathique qui m'a valu d'honorables confidences, et dont j'aurai le droit de rester toujours fier.

Ce cri d'alarme, ce *qui vive* répondant au simple bruit d'une balle isolée sifflant aux oreilles, c'est mon livre... Ce n'est pas toutefois le *qui vive* ordinaire des consignes militaires, c'est le *qui vive* du soldat qui, dans ces tirailleurs éparpillés sur une vaste ligne, ne veut pas voir des ennemis, mais seulement quelques sentinelles perdues tirant au milieu de la nuit sur leurs propres troupes, et auxquelles il doit suffire de parler la vieille langue du pays pour que les armes tombent de leurs mains et se réunissent en un puissant faisceau contre l'ennemi réel, l'ennemi commun...

Encore une fois, *qui vive!* voilà mon livre.

Agréez, etc.

TEXTE

DE LA

LOI DU 28 MAI 1858.

Napoléon, etc.

L'article 259 du Code pénal est modifié ainsi qu'il suit :

Art. 259. Toute personne qui aura publiquement porté un costume, un uniforme ou une décoration qui ne lui appartiendrait pas, sera punie d'un emprisonnement de six mois à deux ans.—Sera puni d'une amende de cinq cents francs à dix mille francs, quiconque, sans droit et en vue de s'attribuer une distinction honorifique, aura publiquement pris un titre, changé, altéré ou modifié le nom que lui assignent les actes de l'état civil.

Le tribunal ordonnera la mention du jugement en marge des actes authentiques ou des actes de l'état civil dans lesquels le titre aura été pris indûment ou le nom altéré.

Dans tous les cas prévus par le présent article, le tribunal pourra ordonner l'insertion intégrale ou par extrait du jugement dans les journaux qu'il désignera.

Le tout aux frais du condamné.

DÉCRET IMPÉRIAL

SUR LE

RÉTABLISSEMENT DU CONSEIL

DU SCEAU DES TITRES.

Napoléon, etc.

Vu les statuts du 1er mars 1808;

Vu l'ordonnance du 15 juillet 1854;

Vu la loi du 28 mai 1858, qui modifie l'art. 259 du Code pénal;

Notre conseil d'Etat entendu;

AVONS DÉCRÉTÉ :

Art. 1er. Le conseil du sceau des titres est rétabli. Il est composé de trois sénateurs, de deux conseillers d'Etat, de deux membres de la cour de cassation, de trois maîtres des requêtes, d'un commissaire impérial, d'un secrétaire. Des auditeurs du conseil d'Etat peuvent être attachés au conseil du sceau.

Art. 2. Les membres du conseil du sceau sont nommés par décret impérial.

Art. 3. Le conseil du sceau est composé et présidé par notre garde des sceaux, ministre de la justice. Il est présidé, en l'absence du garde des sceaux, par celui de ses membres que nous aurons désigné. Le commissaire impérial remplit les fonctions précédemment attribuées au procureur général du sceau des titres; le secrétaire tient le régistre des délibérations, qui reste déposé au ministère de la justice.

Art. 4. Les avis du conseil du sceau sont rendus à la majorité des voix. La présence de cinq membres au moins est nécessaire pour la délibération. Les maîtres des requêtes ont voix délibérative dans les affaires dont le rapport leur est confié. En cas de partage, la voix du président est prépondérante.

Art. 5. Le conseil du sceau a, dans tout ce qui n'est pas contraire à la législation actuelle, les attributions qui appartenaient au conseil du sceau créé par le décret du 1er mars 1808, et à la commission du sceau établie par l'ordonnance du 15 juillet 1814.

Art. 6. Il délibère et donne son avis : 1° sur les demandes en collation, confirmation et reconnaissance de titres que nous avons renvoyées à son examen ; 2° sur les demandes en vérification de titres ; 3° sur les demandes en remise totale ou partielle des droits du sceau, dans les cas prévus par les deux paragraphes précédents, et généralement sur toutes les questions qui lui sont soumises par notre garde des sceaux. Il peut être consulté sur les demandes en changement ou addition de noms ayant pour effet d'attribuer une distinction honorifique.

Art. 7. Toute personne peut se pourvoir auprès de notre garde des sceaux pour provoquer la rectification de son titre par le conseil du sceau.

Art. 8. Les référendaires institués par les ordonnances des 15 juillet 1814, 11 octobre 1815 et 31 octobre 1830, sont chargés de l'instruction des demandes soumises au conseil du sceau. La forme de procéder est réglée par notre garde des sceaux, le conseil du sceau entendu. Les règlements antérieurs sont, au surplus, maintenus en tout ce qui n'est pas contraire au présent décret.

Art. 9. Les demandes en addition ou changement de nom sont insérées au *Moniteur* et dans les journaux désignés pour l'insertion des annonces judiciaires de l'arrondissement où réside le pétitionnaire et de celui ou il est né. Il ne peut être statué sur les demandes que trois mois après la date des insertions.

Art. 10. Pendant deux ans, à partir de la promulgation du présent décret, notre garde des sceaux pourra, sur l'avis du conseil du sceau des titres, dispenser des insertions prescrites par l'article précédent, lorsque les demandes seront fondées sur une possession ancienne ou notoire et consacrée par d'importants services.

CIRCULAIRE

DE

S. E. LE MINISTRE DE LA JUSTICE

Pour la mise à exécution de la loi du 28 mai 1858 [1].

Paris, 22 novembre 1859.

Monsieur le Procureur général,

Le nouvel article 259 du Code pénal attache le caractère de délit au changement, à l'altération, à la modification du nom inscrit dans les actes de l'état civil.

La conséquence de cette disposition, c'est que, pour se soustraire aux peines qu'elle édicte, tous ceux qui portent ou des noms ou des titres que ne leur attribuent pas les actes de l'état civil, doivent obtenir de l'autorité compétente la faculté de les conserver.

Mais quelle est cette autorité?

Deux cas peuvent se présenter :

1° Il se peut que des erreurs, des omissions, des irrégularités aient eu lieu dans la rédaction des actes de l'état civil, ou encore

[1] Dans ma Xe Lettre, j'examine quelques points importants de cette circulaire.

que les circonstances politiques ne permettant pas au père de donner à ses enfants son nom *tout entier*, il en ait retranché les qualifications ou *particules* que condamnait la législation existante, et que, plus tard, encouragés par l'apaisement des passions, par le retour d'idées un instant proscrites, par les *tendances* des lois nouvelles, les enfants aient, de leur chef, et sans s'assujettir aux formalités légales ; *repris* ce qu'ils considéraient comme leur *propriété*, le *nom* de leurs *aïeux*.

2° Il se peut aussi que l'altération des noms consignés en l'acte de naissance n'ait eu pour cause que la vanité, l'intérêt, un calcul coupable, qu'elle n'ait d'autre explication que le désir de substituer à un état civil régulier une situation mensongère, et de conférer à l'auteur de la fraude une *apparence nobiliaire*.

Dans le premier cas, la connaissance du *fait* est dévolue aux *tribunaux ordinaires*. La loi leur confère expressément la mission de rechercher, de constater ce qu'était, *avant* la naissance du réclamant, l'état légal de sa famille, de le *reconstituer*, de le lui rendre *intact*. Ils ne *créent* pas le *droit* à son profit ; en cette matière, comme en toute autre, ils *déclarent* le *droit existant*. Ils *proclament* que, si ce *droit antérieur* à la naissance de l'enfant a été *compromis* par des circonstances *étrangères* à celui-ci, il n'en peut porter la *responsabilité*, et qu'en demandant que son état civil soit *régularisé*, il ne fait que *revendiquer sa* CHOSE.

Dans le deuxième cas, la compétence n'est pas moins certaine. S'il s'agit de *changement* et *d'addition* de *noms*, c'est au gouvernement qu'il faut s'adresser. Les *usurpations* de *titres* ou *formules* affectant une prétention à la noblesse ressortissent à la commission du *sceau*. La sagesse de ces règles est évidente. Qui peut admettre que, dans un État bien ordonné, un citoyen *change de nom*, *ajoute* à celui qu'il porte ou s'attribue des *titres* sans en avoir reçu l'autorisation de l'administration supérieure?

Cependant cette distinction si simple, entre la compétence des *tribunaux ordinaires* et celle de *l'administration*, a été méconnue. Des individus qui ont *augmenté* leur nom patronymique d'une *appellation d'emprunt*, ou qui, pour dissimuler leur nature originelle, ont imaginé de séparer de *l'ensemble* d'un nom jusqu'alors écrit d'un *seul* mot la *particule* qui le précédait, désespérant de tromper la vigilance du conseil d'État ou de la commission du sceau, accoutumés à déjouer ces supercheries, ont eu recours aux tribunaux. Ils ont demandé que leur acte de naissance fût rectifié, et des juges surpris, accueillant cette réclamation, ont ordonné que tout ce *bagage de contrebande* figurerait à l'avenir dans l'acte de l'état civil.

On ne peut faire une plus fausse application des lois de la matière. Une procédure à fin de rectification d'un acte de naissance ne peut avoir d'autre fondement que l'état civil officiel de la famille dont le réclamant est issu. Tout se réduit à *comparer* son *acte de naissance* avec *celui* de ses *auteurs*, et, s'il s'y rencontre des *différences* que le *malheur* des *temps explique* ou la *négligence* de *l'officier* de l'état civil, à les *faire disparaître*; il n'est besoin de rien de plus pour maintenir *l'individualité* des familles.

Mais quand il est reconnu que l'*acte de naissance* du réclamant contient *tout* ce qu'il devait contenir, que sa *filiation* est *régulièrement* et *sincèrement* établie, qu'il n'y a eu ni *altération*, ni erreur, ni *omission;* quand la question est de savoir si le réclamant a pu *s'arroger* des *distinctions* que ne lui conférait pas son *origine,* quelques raisons qu'il allègue pour *justifier* sa *conduite*, quelque *possession* qu'il invoque, ce ne peut être une *action* en *rectification*. Le sens grammatical du mot y répugne autant que la raison de droit. *Rectifier,* c'est *redresser* ce qui est *défectueux, réparer* ce qui n'est pas *régulier, remettre*, en un mot, les *choses* dans l'état où *elles auraient dû être* si l'on y eût apporté plus de soin. Or, ce n'est pas la *régularité de l'acte* qui est *contestée ;* le réclamant ne s'en plaint pas. Ce qu'il soutient, c'est que de son fait, *personnel*, *postérieur* conséquemment à sa *naissance*, est *né* un *droit* qu'il entend *conserver;* c'est qu'il a *acquis* ou le *nom* qu'il a *ajouté* au sien, ou le *titre* dont il s'est affublé, ou la *particule* qu'il considère comme un signe de noblesse... Or, évidemment, ce n'est plus une *rectification*, mais une *modification* de son *état civil régulièrement établi* qu'il *poursuit*, et, dès lors, la connaissance du litige ne peut appartenir qu'à *l'administration* chargée de prévenir toute confusion dans les familles et dans la société.

Vous comprenez, Monsieur le procureur général, combien il importe de ne pas laisser se former une jurisprudence dont l'effet inévitable serait de *paralyser l'action* de la loi. Ne souffrez pas que, par des procédures obscurément suivies, et qui, selon les lieux et les personnes, pourraient rencontrer un trop facile accueil, les *compétences soient déplacées*. Que vos substituts reçoivent l'ordre formel de surveiller toute instance paraissant avoir pour objet une *rectification d'actes de l'état civil*, et qu'ils s'assurent, d'après des *distinctions* ci-dessus exprimées, si ce n'est pas une *enseigne trompeuse* et le moyen d'éluder la loi. Le ministère public est, dans les *questions de rectification*, le *contradicteur* naturel des parties qui réclament. C'est une mission qu'il doit remplir avec autant de fermeté que de vigilance.

Le *gouvernement n'entend pas* que l'exécution de l'article 259 du Code pénal *porte le trouble* dans les *familles;* mais il ne veut pas davantage que des ruses de procédure en détruisent l'effet.

Je vous prie de me tenir au courant de *toutes* les affaires de ce genre qui se présenteront, et de me faire connaître celles qui ont déjà reçu solution, afin que j'avise aux moyens de *venger la loi* des atteintes qu'elle a pu recevoir.

Signé : DELANGLE.

DEUXIÈME LETTRE

Où l'on verra à quelle source on peut puiser la connaissance de la véritable situation des familles nobles en 1789.

DEUXIÈME LETTRE

Où l'on verra à quelle source on peut puiser la connaissance de la véritable situation des familles en 1789.

Quelques explications préliminaires sont ici indispensables.

On lisait dans le n° du 17 décembre du *Journal de la Vienne* ce qui suit :

Depuis quelques jours on voit circuler dans l'arrondissement de Poitiers la lettre suivante, adressée par M. le procureur impérial de notre ville :

« Mon but étant d'arriver à une prompte exécution de la loi sur les noms et sur les titres, il importe que je connaisse les personnes qui, dans mon arrondissement, peuvent être en dehors des investigations qui me sont prescrites.

» Pour arriver à ce résultat désirable, j'ai pensé qu'il était plus convenable de m'adresser directement à ceux qui portent des noms ou des titres d'apparences nobiliaires. En agissant ainsi, je rends ma tâche plus facile, et j'évite à ceux auxquels j'écris les désagréments qu'occasionnent toujours les recherches de la justice.

» Je viens donc vous prier, Monsieur, de me communiquer les pièces sur lesquelles vous fondez votre droit. Je serai à mon domicile, rue des Basses-Treilles, n° 5, disposé à recevoir vos communications, de trois à six heures du soir, le   de ce mois.

» Agréez, etc. »

Cet article, dont le caractère ne fut pas compris de tous, fut du moins reproduit unanimement par la presse de France et même par plusieurs journaux étrangers; c'était indiquer qu'il avait son importance. Mais quant à la circulaire en elle-même, elle fut l'objet d'appréciations diverses et opposées, et elle valut à son auteur des épithètes assez contradictoires.

Il n'aspirait nullement en effet, que je sache, à passer pour s'être livré ni aux études inutiles, ni à l'ambition vaine d'un juge d'armes de France des temps passés. Et quant à son intervention dans l'application même de la loi du 28 mai 1858, si j'en puis juger de loin d'après les décisions émanées du tribunal de Poitiers que je connais, elle fut assez sage pour qu'on doive dire que le magistrat, résistant aux entraînements déplorés ailleurs, sut contribuer à ces bonnes solutions qui consacrent les véritables droits en leur appliquant les vrais principes [1].

Quoi qu'il en soit, prévoyant du fond de mon humble ermitage les embarras réels que cette campagne allait jeter sur les bras de ceux que leurs fonctions obligeaient à l'entreprendre, je crus être réellement utile à l'armée militante autant du moins qu'aux tribus menacées, en publiant dans le *Journal de la Vienne* la lettre qui suit:

En la lisant, on sentira qu'elle est inspirée par cette pensée dominante, qu'il ne s'agit point, de la part des guerroyants officiels, d'opérer une *razzia* sur les noms que couvrait une possession reconnue il y aura tantôt 70 ans, et que, par conséquent, tout ce qui pourrait tendre à établir la situation de ces noms-là, à l'époque où cette situation était légalement fixée, devrait être accueilli, de quelque part que cela vînt, avec faveur et reconnaissance.

[1] Affaires B de B., P. de L. B., etc.

Au Directeur du *Journal de la Vienne.*

En recommandant à vos lecteurs le livre que publie l'éditeur Dumoulin à Paris [1], j'émets le vœu sincère de voir son *frère jumeau* paraître à la lumière sur notre sol poitevin. Mes motifs sont absolument les mêmes qui ont fait naître la publication annoncée; je veux dire le désir de voir faire une sage et prudente application de la loi du 28 mai 1858.

D'une exécution très-simple en ce qui touche la noblesse du premier Empire, de la Restauration et de la Monarchie de juillet, la loi de 1858 offre des difficultés assez graves dès qu'il s'agit d'en faire l'application à la noblesse de l'ancien régime : l'une peut aisément représenter à toute réquisition les diplômes qui l'ont constituée; l'autre n'a souvent pour elle que la *tradition* et la *notoriété*. La révolution n'a-t-elle pas anéanti ses preuves? Nos dépôts publics, les archives particulières des familles n'ont-ils pas été mis au pillage? Que de papiers précieux brûlés en cachette dans la crainte du couteau de la Terreur, incendiés, lacérés par ordre de l'autorité, dispersés pendant l'émigration! Ajoutons à cela les actes de l'état civil rédigés révolutionnairement, effaçant jusqu'aux noms portés depuis des siècles.

Quel sera donc le contrôle de ces familles du temps passé? Sans doute, pour quelques-unes, l'histoire qui a inscrit leurs noms glorieux dans ses annales; pour quelques autres, dont les titres ont échappé aux désastres, les lettres patentes, les jugements des intendants, les arrêts des cours souveraines, les sentences des élections, les preuves pour les ordres de chevalerie, les honneurs

[1] État de la noblesse de Saintonge et d'Aunis, convoquée pour les élections des députés aux états généraux de 1789.

de la cour, les chapitres, les maisons royales et le service militaire; mais, pour un très-grand nombre, le contrôle le plus général, le plus certain, le seul même qu'il soit possible d'appliquer, c'est le vote de 1789, la dernière manifestation légale de la noblesse.

Convoqué dans chaque sénéchaussée ou bailliage, en vertu d'un acte du souverain, l'ordre de la noblesse, avant toute discussion des grands intérêts qui lui étaient soumis, a fait vérifier, par des commissaires spécialement choisis [1], les pouvoirs de chacun de ses membres; elle s'est comptée avec soin et rigueur. *Un corps jaloux de ses prérogatives*, une administration *intéressée à ne perdre aucun de ses droits sur les contribuables* [2], les mœurs publiques,

[1] On verrait la preuve de ceci dans tous les procès-verbaux des assemblées de la noblesse en 1789. Je me bornerai à citer aujourd'hui la page 577 du volume publié par M. de Chancel, sous le titre *l'Angoumois en l'année* 1789. Je parlerai bientôt de cet ouvrage. On y verra qu'avant de procéder aux élections des députés de l'ordre, les électeurs nommèrent une commission où figurent les notabilités intellectuelles et nobiliaires, chargée de vérifier les droits des membres appelés, et qu'en outre chacun des assistants promit *sur l'honneur* de signaler tout électeur qui lui paraîtrait ne pas appartenir à l'ordre de la noblesse. Les procès-verbaux des séances suivantes prouvent par des faits que ces engagements furent bien remplis.

[2] Ceci est un fait important et que beaucoup ignorent. — Il suffit de faire remarquer que les impôts étant, sous l'ancien régime, mis en ferme, les fermiers avaient trop d'intérêt à leur faire rendre tout ce qu'ils pouvaient produire, pour qu'on ne puisse pas se reposer aujourd'hui sur le soin qu'ils mettaient à réduire le plus possible le nombre des nobles, ce nombre devant amoindrir, dans la proportion directe du chiffre qu'il atteignait, celui du gain que produisait la ferme. Il y avait même des exemples très-fréquents de prétentions excessives sur ce point de la part des fermiers; mais ces prétentions mêmes sont une garantie qu'il est permis d'invoquer aujourd'hui en faveur de l'efficacité de leur contrôle.

la notoriété locale, opposaient d'ailleurs une barrière infranchissable aux usurpations.

La preuve électorale de 1789 a, nous le répétons, l'avantage d'être la plus générale de toutes ; elle sanctionne l'état nobiliaire des familles par le seul fait de la comparution aux assemblées de la noblesse du royaume ; elle consacre des qualifications d'autant plus respectables qu'elles ont été accueillies dans une circonstance solennelle, alors qu'en face de leurs égaux, les gentilshommes ne se seraient pas exposés à l'humiliation de les voir rejetées.

De quelles sources d'ailleurs provenaient les qualifications dont était décorée la noblesse ?

Si l'on croyait que celle-ci les possédât toutes en vertu de lettres octroyées par le souverain, on se tromperait singulièrement. En dehors de l'investiture royale et des brevets délivrés par les chancelleries, ses titres d'honneur avaient pris naissance, les uns dans l'ancienne féodalité, les autres dans les présentations officielles à la cour, ceux-ci dans les grades ou emplois auxquels ils étaient attachés. Acquis de ces diverses manières, ils se sont perpétués dans les familles par droit successif ; et telle était alors la largeur des bases données au principe de la succession nobiliaire, que celui-ci s'étendait non pas seulement en ligne directe, mais en ligne collatérale : à l'extinction de la branche aînée d'une famille, il était admis que le titre qu'elle portait fût relevé par une autre branche, et cela surtout quand cette branche, seule survivante, unique, résumait en elle toute la race : il y avait pour les cadets honneur à rappeler les aînés disparus.

Consacrées par une longue possession, par des lettres missives des rois, par des brevets, par des actes publics, ces distinctions étaient accueillies sans conteste comme un droit respectable, et nous ne doutons pas que de nos jours elles ne doivent être et ne soient respectées [1]. »

[1] C'était une conviction que les hommes raisonnables pouvaient et

Or, si les éléments dont se compose le livre que j'annonce ont été regardés avec raison comme pouvant aider l'autorité dans la difficile mission que lui impose la loi du 28 mai 1858, en ce qui concerne la noblesse de la Saintonge et de l'Aunis, les mêmes éléments fourniront chez nous un guide aussi sûr, et j'engage vivement les intéressés à y recourir [1].

Et qu'on saisisse bien ma pensée : par ce mot *intéressés*, je n'entends pas seulement la partie à laquelle on demande une production souvent difficile, quelquefois même impossible, mais aussi et *surtout* celle qui, chargée de l'application délicate d'une loi destinée à froisser plus d'un épiderme, doit tenir à n'être jamais accusée d'en vouloir faire une arme tracassière.

devaient partager. — Paraît-on devoir suivre cette voie, qui présentait le double avantage d'être facile et sûre ? Les tendances qui vont être accusées par la suite de ce travail permettent de redouter qu'il n'en soit pas ainsi, et on se créera, sans profit politique, des difficultés sérieuses, inextricables.

[1] Au moment où je publiais cette lettre (23 décembre 1859), je n'avais assurément ni sous les yeux ni dans mes souvenirs les documents officiels relatifs à la loi du 28 mai 1858. Eh bien ! voici ce que j'ai lu depuis ma publication. Au sein du Corps législatif, le général Parchappe, répondant à ceux qui manifestaient des craintes sur les difficultés d'application de la loi, s'exprimait ainsi : « Quand il ne s'agira que de contrôle et de vérification, le moyen d'assurer l'application de la loi ne » semble pas offrir de grandes difficultés. Les titres de l'*ancienne* noblesse se trouvent dans les rôles et catalogues des nobles dressés par » l'ordre de Louis XIV, et dans les *cahiers* de l'ordre de la noblesse » *rédigés en* 1789 dans tous les bailliages de France. Quant aux titres de » la *nouvelle* noblesse, ils existent à la chancellerie. » Remarquons, en passant, que l'honorable député ne semble pas même exprimer un doute sur ceci, que 1789 sera pris comme point de départ vis-à-vis des droits consacrés alors par la notoriété. Cette idée, du reste, est encore plus nettement formulée par M. Rigaud, autre député, qui comprend « que l'on se » contente d'une *possession notoire* à l'égard des titres antérieurs à » 1789. » *Moniteur* du 9 mai 1858.

Pour qu'on pût recourir facilement à la source pure où se liront les droits légitimes, il faudrait, je le sais bien, que cette source fût à la disposition de tous, et c'est précisément ce qui me faisait émettre, au début de cette lettre, le vœu de voir suivre chez nous l'exemple donné par M. Dumoulin en ce qui touche la Saintonge et l'Aunis. Un essai du même genre a bien été déjà tenté par la Société des antiquaires de l'Ouest dans la publication qu'elle a faite de la liste des Poitevins convoqués au dernier ban de la noblesse; mais la date même de ce document et sa nature exceptionnelle ne sauraient lui donner, en ce qui touche au point essentiel dont je me préoccupe, la valeur qu'aurait la publication de tout ce qui se rapporte en Poitou aux états généraux de 1789.

Un honorable savant, M. de Chancel, héritier des manuscrits de son digne père, secrétaire de l'ordre de la noblesse en Angoumois, a fait, il y a quelques années, pour cette province, ce que je souhaiterais de voir faire pour la nôtre, et on peut lire dans son consciencieux ouvrage bien des noms poitevins dont il authentique le *bon aloi;* mais cela ne suffit pas pour notre Poitou : il nous faut un livre *à nous* et *pour nous.* Se fera-t-il ?

En attendant qu'il se fasse, j'ai dit de quelle utilité pouvaient être, dans l'application si difficile de la loi du 28 mai 1858, les éléments dont ce livre devrait se composer. Or, ces éléments existent quelque part; qu'on les consulte, ils répondront pertinemment à la plupart de ces questions délicates, *dont la nature est telle* (le cœur de l'homme est ainsi fait), qu'elles blessent en raison directe des facilités qu'on aurait d'y répondre.

Agréez, etc. Saint-Hilaire, 18 décembre 1859.

Postscriptum. Mes honorables confrères de la Société des antiquaires de l'Ouest ne purent se méprendre sur le sens de cette lettre. Ils ramassèrent, comme on dit, « la pierre que je venais de lancer dans leur jardin, » et le numéro du 10 janvier du *Journal de la Vienne* contenait là lettre suivante :

« Monsieur le directeur, votre numéro du 23 décembre dernier contient un appel de notre excellent confrère et ancien président, M. Ch. de Chergé, à la publication des documents propres à répondre d'une manière non équivoque à l'une des préoccupations du jour, *la justification des noms et des titres d'apparence nobiliaire* pour l'ancienne province du Poitou.

» Déjà, dans le courant de l'année dernière, la Société des antiquaires de l'Ouest avait reçu de deux de ses membres, MM. Beauchet-Filleau et Bardy, l'invitation de publier la liste des noms des Poitevins qui avaient pris part à l'élection des députés du corps de la noblesse aux états généraux de 1789, d'après les documents qu'ils tenaient à sa disposition.

» Ces documents, relevés et collationnés sur les procès-verbaux dressés authentiquement à cette époque, offriront sans doute encore des lacunes, attendu que, pour prendre part aux élections, il était nécessaire d'être possesseur de fiefs, et que bien des gentilshommes n'étaient peut-être plus dans ce cas ; mais leur publication constituera, en somme, un document très-considérable et dont la notoriété, bien établie, dispensera probablement pendant longues années ceux dont ils consacrera les droits, de produire de nouvelles justifications. *Les mailles de ce filet*, pour emprunter la comparaison pittoresque du journal l'*Univers*, seront donc de dimensions convenables pour retenir *le menu fretin de la roture aussi bien que les gros poissons* de la même provenance.

» C'est surtout dans ce but que la Société des antiquaires vient de prendre la détermination d'insérer au nombre des matières qui composeront le volume de ses Mémoires en cours de publication, la liste dont nous venons de parler.

» Elle n'a eu garde de laisser échapper cette bonne fortune de prouver, une fois de plus, au public intelligent qui veut bien honorer ses travaux de quelque sympathie, que ses études pouvaient, à l'occasion, acquérir tout le mérite d'une actualité.

» LE TOUZÉ DE LONGUEMAR. »

TROISIÈME LETTRE

Où l'on verra les difficultés que présente l'appréciation de la particule.

TROISIÈME LETTRE

Où l'on verra les difficultés que présente l'appréciation de la particule.

Au Directeur du *Journal de la Vienne*.

MONSIEUR LE DIRECTEUR,

Vous avez reproduit dans votre numéro de samedi dernier un article extrait du journal l'*Univers*, sur lequel je prends la liberté de vous soumettre quelques réflexions.

Et d'abord, déterminons bien la position que j'entends prendre dans cette question.

Je ne veux nullement apprécier la loi du 28 mai 1858 dans son opportunité, ni dans ses conséquences générales au milieu des choses et des hommes de notre temps, *non est hic locus* [1]; je ne veux pas non plus critiquer l'article de l'*Univers*, dont les bonnes intentions sont assurément hors de doute; je veux seulement dire

[1] Pas plus aujourd'hui qu'hier, je n'entends examiner ces questions; ce serait sans aucun profit. Il est trop tard, la loi existe. La seule chose à faire, et c'est un *devoir* pour tous (ainsi l'entendent ceux qui ont fait appel à la publication de mes lettres et aux développements qu'elles comportaient); la seule chose à faire, c'est d'empêcher qu'elle ne produise les fâcheux effets qui n'entraient nullement, je l'affirme, dans les intentions du législateur.

et prouver que l'affaire n'est pas précisément aussi simple que semblerait le croire l'honorable auteur de cet article.

Examinons un peu ceci, et fixons-nous sur un point, un *seul* entre tous ceux qui se rapportent de près ou de loin à la loi en question.

En France, aujourd'hui, il y a deux noblesses distinctes : l'ancienne, datant de plus ou moins loin avant 1789; la nouvelle, née depuis 1789. A celle-ci, rien de plus facile, je l'ai dit déjà, que de justifier de ses droits; on en connaît l'année, le jour, l'heure, et de plus elle est *titrée* officiellement [1]. Quant à l'autre (pour le plus grand nombre des membres qui la composent), en dehors de certaines *formes de convention dans les noms*, il n'y a plus *de traces extérieures* [2] *et saisissables* de ce qui la constituait autrefois. Je m'explique :

Jadis, le titre d'*Ecuyer* était l'indication nette, précise, et elle suffisait, de l'état nobiliaire. De la part du gentilhomme [3], ce titre

[1] Il est nécessaire de faire remarquer ici cette position particulière de la noblesse *nouvelle*. Les gouvernements qui ont succédé à la tourmente révolutionnaire, quand ils ont usé des attributs qui leur étaient conférés sur ce point par la constitution, n'ont pas créé de *simples nobles*; ils ont toujours fait des barons, des vicomtes, des comtes, des marquis et des ducs.

[2] On verra dans les lettres suivantes le caractère *légal*,—je puis le dire en présence des déclarations du rapporteur de la loi de 1858 et des discussions au Corps législatif,—que l'on doit attribuer à ces *formes de convention*, à ces *traces extérieures*, qu'on ne punirait pas comme constituant une *usurpation* chez ceux qui se les arrogent indûment, si on ne reconnaissait pas à quelques-uns le droit exclusif d'en vêtir leurs noms avec la *signification propre et spéciale* que ces formes portent en elles-mêmes. Je suis moins exclusif, moi; mais l'argument n'en subsiste pas moins.

[3] Dans ces lettres et les suivantes, on lira souvent les mots *gentilhomme* et *noble* employés indistinctement, quoique leur signification ne soit pas complétement identique.

était pris et porté avec une scrupuleuse exactitude dans tous les actes de la vie civile; c'était celui, et le seul, que, dans toutes les ordonnances de maintenue ou de confirmation de noblesse, le pouvoir régulier autorisât à prendre, et l'usurpateur, qui s'en parait indûment, était exposé aux poursuites rigoureuses et à peu près certaines des nombreux intéressés à sa poursuite [1].

Aujourd'hui, ce titre n'est plus *porté* par personne, et j'ajouterai même que le gentilhomme qui tiendrait à le faire établir officiellement dans un acte public quelconque, paraîtrait tellement excentrique, que sa prétention, toute naturelle qu'elle fût légalement, l'exposerait à d'étranges *méprises*. Je n'oublierai jamais l'effet que produisit sur une nombreuse assistance réunie, il y a quelque vingt-cinq ans, dans la grande salle de la mairie de Poitiers, la lecture d'un acte de mariage où figurait à côté du nom du père de l'époux cette qualification d'Ecuyer. Le très-digne homme, qui avait usé de son droit en cette circonstance solennelle, paraissait revenir de l'autre monde, et les plus indulgents auditeurs d'alors le trouvaient ridicule.

Le sentiment d'alors ne serait-il point encore le sentiment d'aujourd'hui, peut-être même ne serait-il point partagé par beaucoup d'esprits sérieux? Ceci me paraît un fait que je tiens pour incontestable.

Eh bien! à la place de cette qualification *tuée* et disparue [2], la

[1] Voir plus loin la justification de ces principes (posés dans cette lettre avec l'affirmation *rapide* de ce qu'on croit incontestable); ils se trouveront développés dans la VIIIe lettre.

[2] On verra, dans une autre lettre, comment et pourquoi j'en suis venu à proposer au contraire de la faire revivre. Il ne m'en coûte nullement de chanter cette *palinodie-là*, et plût à Dieu qu'il n'y en eût jamais de plus scandaleuses au monde! ceux qui liront ces passages et les passages contradictoires de ma VIIe lettre me comprendront, j'en suis certain. Ils comprendront que la marche des faits a dû produire dans mes idées

coutume a voulu, depuis déjà longues années, que la particule DE (qui ne fut jamais autrefois, qu'on le sache bien, constitutive de l'état nobiliaire) parût suffisante *aujourd'hui* pour indiquer la présomption de noblesse, et on s'est appelé M. DE ***, ce qui a paru l'équivalent de ces termes d'autrefois : M. N..., Ecuyer, *seigneur* DE....

Cela allait tout seul, quand la famille possédait encore la terre, autrefois noble, dont ses ancêtres étaient jadis seigneurs; mais quand cette terre a cessé d'être possédée par ses maîtres séculaires (et c'est le cas presque universel), les choses se sont compliquées, et voici ce qui est arrivé :

Quelques familles *privilégiées* ont conservé leur nom seigneurial, malgré la *non-possession* de leur ancien fief, comme si ce fief fût demeuré leur propriété, et il n'y a rien de changé dans la *forme extérieure* de leur nom; mais d'autres familles, moins favorisées sur ce point, n'ont pas persisté ou n'ont pas vu persister dans cette appellation, devenue, du reste, *en apparence* quelque peu mensongère. Toutefois l'*habitude*, la *coutume*, la *notoriété*, ces patronnes du genre humain, conservant à ces familles le cachet de leur origine nobiliaire, ont fait subir à la particule DE une *transposition* qui a puisé, après tout, sa *raison d'être* dans un sentiment de justice distributive dont on doit, me semble-t-il, tenir quelque compte, et alors cette particule, qui précédait autrefois le *nom du fief seigneurial*, s'est trouvée tout à coup précéder le nom *patronymique* lui-même. Ainsi on s'appelait originairement, par

(qui sont avant tout celles d'un homme loyal et de bonne foi) une marche parallèle, et qu'à la *tuerie* réalisée des particules et noms terriens, qui ne me semblaient nullement menacés lors de la publication de ma lettre du 10 janvier 1860, j'aie opposé la résurrection, devenue nécessaire aujourd'hui, de la qualification que ces signes de convention plus récents avaient suffisamment remplacée pour que l'on pût s'en contenter.

exemple, Bonneuil de Ferrière (c'est-à-dire Bonneuil, seigneur de Ferrière), et on en est venu à s'appeler aujourd'hui DE Bonneuil.

Et ceci, je le répète, a été consacré en France par un usage constant, par des habitudes générales; ceci a été accepté comme chose toute naturelle, surtout à l'égard des familles nobles sur le *bon aloi* desquelles la *notoriété publique* était fixée.

Ceci a été consacré même par l'autorité compétente, et j'ai tenu en mes mains bien des certificats officiels, signés sous la *Restauration* par M. d'Hozier, dans lesquels la particule DE précédait le nom patronymique de l'*impétrant,* alors pourtant que le juge d'armes avait établi dans le corps même de son acte officiel que pour *les ancêtres, père, aïeul, bisaïeul* de l'impétrant, la particule ne précédait pas ce nom patronymique, et ne s'appliquait qu'au nom du fief, qui suivait ce nom patronymique [1].

Or, en présence de la loi du 28 mai 1858, quelle sera la ligne de conduite adoptée à l'égard de cette *forme* de noms qui aura remplacé dans l'usage, *depuis deux générations seulement, par exemple* [2], les qualifications nobiliaires d'autrefois tombées en désuétude (nul, m'est avis, n'a intérêt, dans ces temps-ci, à les tirer

[1] Je pourrais citer à cet égard des faits nombreux, puisés dans les documents officiels les plus sûrs, et remontant même à l'ancien régime. Les procès-verbaux des élections des députés de l'ordre de la noblesse aux états généraux de 1789 nous en fourniraient des exemples caractéristiques.

[2] Cette lettre était écrite le 9 janvier 1860. Le jugement de Châteauroux dans l'affaire G. de Vass. a été rendu le 16 du même mois, et je ne l'ai connu que par la publication qu'il a reçue dans le journal. J'ignorais même que la partie et les questions débattues dans cette affaire fussent en cause. Eh bien! ne m'est-il pas permis de faire remarquer au lecteur que le sentiment instinctif des difficultés pratiques de la loi du 28 mai 1858 m'avait indiqué de suite, entre toutes, celle qui devait fatalement surgir de la délicate question qui a précisément provoqué l'examen et la décision regrettable (je n'hésite pas à le dire) des juges de Châteauroux?

de leur poussière)[1], et auxquelles auraient droit pourtant les familles incontestablement nobles désignées par cette forme nouvelle ?

Il suffit de poser cette question pour faire surgir à l'instant l'idée des difficultés pratiques dont elle contient le germe trop fécond; et s'il ne faut pas être un d'Hozier, comme le dit l'*Univers*, pour régler ces choses, il y a des ménagements à prendre auxquels n'était point obligé l'ancien juge d'armes de France, quand on soumettait à son visa les parchemins des preuves.

La pensée du ministre chargé plus spécialement de l'exécution de la loi du 28 mai 1858 ne saurait du reste être équivoque ; s'il ne veut pas que cette loi reste à l'état de lettre morte, il ne peut pas vouloir non plus qu'elle devienne une occasion de vexation pour les familles. Ce serait de la mauvaise politique, et telle qu'un ministre de la justice ne saurait vouloir la pratiquer ou la faire pratiquer par ses agents. Il a dû comprendre que cette loi, qui touche à des points d'une délicatesse extrême, est un instrument dangereux qui demande à être manié d'une certaine sorte; aussi entend-il assurément, dans un intérêt d'ordre fort élevé, modérer les mains qui entameraient profondément les chairs, là où il suffirait de frictionner l'épiderme[2].

[1] *Voir* dans la VIIe lettre la verte mercuriale que m'a valu cette parenthèse, et la réponse *pleine de contrition* que j'y ai faite en avouant humblement ma faute. A l'exemple d'un trop grand nombre de pécheurs, je caresse assez cependant mon idée *libérale* du 9 janvier 1860, pour *regretter* toujours ce qui, depuis lors, en a fait un péché. — Ne pas se méprendre sur le sens du mot *libéral* : il exprime ici le *libéralisme* dépouillé de ces scories impures qui ont fait, hélas, de tant de *libéraux d'autrefois*, des *libérâtres*.

[2] Est-ce l'épiderme seulement que frictionnent les jugements rendus depuis le 10 janvier ? Qui oserait le dire en présence des *mutilations* radicales qu'ils pratiquent réellement à propos des principes généraux en matière de rectification d'actes de l'état civil ?

Il approuvera donc, sans aucun doute, la sagesse des tribunaux qui, comprenant cette pensée, l'auront appliquée aux faits soumis à leur examen, en évitant de chicaner, à propos de leurs noms, nos notoriétés nobiliaires les plus éclatantes sur les règles élémentaires de l'orthographe et de la grammaire [1].

Et comment en serait-il autrement?

Qu'on lise l'exposé des motifs et le rapport de la loi du 28 mai 1858. On y verra, écrits en toutes lettres, ces principes sages qui devaient présider aux inspirations de cette loi, sous peine de la condamner aux plus fâcheuses conséquences.

Qu'est-ce que la loi nouvelle veut atteindre? disait-on dans l'exposé des motifs; ce sont « ces usurpations flagrantes sur lesquelles » il n'y a ni erreur ni illusion possible, dont le jour et l'heure » peuvent être indiqués, que rien n'explique et ne justifie. »

« Si la loi nouvelle, disait-on au Corps législatif, punit d'une » amende quiconque, sans droit et en vue de s'attribuer une dis- » tinction honorifique, aura publiquement changé, altéré ou modifié » le nom que lui assignent *les actes de l'état civil*, ces derniers » mots y ont été mis *au pluriel*, par ce motif que l'acte de nais- » sance d'une personne peut être inexact, incomplet ou falsifié, et » que dès lors il ne devait pas être indiqué comme la règle et le » *criterium* du nom. Les législateurs ont voulu, en se servant de » cette expression générale, *les actes de l'état civil*, qu'on puisât » alors les preuves du droit et de la vérité dans l'ENSEMBLE DES ACTES » QUI CONSTITUENT LA SITUATION DE LA FAMILLE [2]. »

[1] *Voir* la lettre à propos du jugement de Châteauroux, et la note où je développe cette pensée, lettre IV, p. 46.

[2] *L'ensemble des actes qui constituent la situation de la famille*, voilà le vrai sens de la loi, et il est exposé dans ces lignes avec un bonheur d'expression qui ne doit pas étonner, car le rapport de l'honorable M. du Miral est un des plus remarquables que j'aie lus.—Assurément, et on en verra la preuve dans le cours de ces lettres, si le rapporteur de la

Voici le guide sûr que doivent suivre les hommes préposés à l'exécution de cette loi ; s'ils le perdent un seul instant de vue, ils courent le risque de provoquer dans un milieu, qui a son importance au sein du pays (car, qu'on ne s'y trompe pas, ce n'est point la noblesse seule qui est en jeu), des sentiments avec lesquels les gouvernements les plus forts doivent toujours compter.

Si je ne me suis pas abusé, en vous développant, au courant de la plume, les réflexions que m'a inspirées la lecture de l'article de l'*Univers* que vous avez cité, je suis arrivé à cette conclusion, annoncée au début de cette trop longue lettre :

La loi du 28 mai 1858, fort peu compliquée dans la *théorie*, n'est point, dans la *pratique*, chose aussi simple que d'aucuns le prétendent ; elle est au contraire une matière hérissée de difficultés ; elle impose beaucoup d'impartialité, de justice, de mesure, de réserve, de prudence et de tact. Si les ministres de la loi n'emploient pas dans sa mise à exécution *toutes* ces qualités, la loi perd son caractère, et elle n'est plus qu'une arme tracassière ou une machine à battre monnaie : or, dans le premier cas, les hommes de cœur que l'arme menace, laissent faire et attendent ; dans le second cas, les niais seuls s'exécutent et payent [1].

Agréez, etc. 9 janvier 1860.

loi, celui qui a été initié à tous les détails intimes du laborieux enfantement de cette loi, avait eu mission de l'appliquer, on n'aurait point à craindre les conséquences que je redoute aujourd'hui, et que les auteurs de la loi déploreront eux-mêmes, j'en suis certain, parce qu'elles sont mille fois regrettables.

[1] *V.* ma lettre sur le décret du 8 janvier 1859, qui a rétabli le conseil du sceau des titres. — L'idée, qui n'était et qui ne pouvait être là qu'à l'état de germe, est développée dans cette lettre.

QUATRIÈME LETTRE

Où l'on verra la critique d'un jugement à conséquences très-graves.

QUATRIÈME LETTRE

Où l'on verra la critique d'un jugement à conséquences très-graves.

Au Directeur du *Journal de la Vienne*.

Monsieur le Directeur,

Dans votre numéro du 1er mars, vous avez reproduit, à titre de renseignement, un jugement du tribunal de Châteauroux qui statue sur la demande en rectification d'un acte de l'état civil d'un honorable magistrat, M. G... de Vas... [1].

Permettez-moi, Monsieur, de vous soumettre, à l'occasion de ce jugement, des réflexions qu'autorisent peut-être de ma part mes précédents tout récents encore dans la rédaction de votre journal, et d'invoquer aussi, en faveur de la place que je demande, l'intérêt même qui s'attache à ces questions, beaucoup plus graves que d'aucuns ne se l'imaginent.

Je juge de cet intérêt par la reproduction qui a été faite, en un grand nombre de feuilles publiques, de mes articles des 23 décembre et 10 janvier, et par les nombreuses demandes qu'ils m'ont values, et j'ai peut-être le *droit*, à raison de ce, d'insister auprès de vous pour que vous accueilliez encore une fois mon humble prose.

Permettez-moi de faire remarquer tout d'abord, à propos du

[1] *Voir* le texte même de ce jugement à l'appendice.

jugement en question, combien mes prévisions sur les difficultés de la mise en pratique de la loi du 28 mai 1858 semblent se réaliser chaque jour de manière à *effrayer* la prudence des *hommes sages*[1].

Je n'entends point épiloguer sur le jugement du tribunal de Châteauroux; je laisse à l'avocat d'appel (car sans doute il y aura appel) le soin de faire remarquer que le tribunal, pour être conséquent avec lui-même, aurait dû au moins prononcer la *suppression complète* de la portion du nom de M. G. de Vass. qu'il ne regardait pas comme faisant *partie intégrante* de son nom patronymique, mais que, dès lors qu'il ne prononçait pas la suppression radicale de cette portion du nom, il devait lui restituer son orthographe *raisonnable*[2], altérée par une cause révolutionnaire qu'in-

[1] *V.* la lettre précédente et les notes des pages 39 et 41.

[2] On ne parviendra jamais à me faire comprendre qu'un nom de *lieu*, qui, dans le langage usuel, se décline grammaticalement en tous ses cas, à l'aide des prépositions ordinaires *de*, *à*, *par*; ainsi : je reviens *de* Vass., je vais *à* Vass., je suis passé *par* Vass.; que ce nom de lieu, dis-je, puisse être condamné, en vertu de quelques fins de non-recevoir que ce soient, à se voir écrit d'*un seul mot* comme s'il devait représenter, accolé à un autre nom patronymique quelconque, l'idée qu'exprimerait, par exemple, l'association commerciale de deux noms composant la *raison sociale* Gir... DEVASS... ET Cie.— Il suffit de formuler un pareil résultat, pour faire ressortir le danger des principes qui l'engendrent. Ceci se réduit donc, en réalité, à une question de grammaire française tout à fait élémentaire, et que de simples juges français doivent pouvoir trancher aussi aisément que s'ils occupaient un des quarante fauteuils.

La grammaire et le bon sens, voilà les seuls éléments des décisions à prendre sur ces questions d'orthographe; les subtilités de l'école et du palais n'ont rien à y voir, et les juges, qui savent à quelles chances d'altérations étaient exposés les noms soumis à la plume des secrétaires et commis, doivent avoir sur ce point la conscience assez tranquille quand il s'agit de mettre l'*individualité* d'un nom d'accord avec celle de la famille à laquelle il appartient.

diquait suffisamment la date (28 messidor an IX) de l'acte de naissance de l'honorable magistrat.

Mais laissons ceci pour voir les choses de plus haut. Quelles sont les *tendances* que révèle le jugement cité? Ces tendances, je l'avoue carrément, m'effrayent d'une façon très-sérieuse, parce qu'elles me paraissent, comme elles paraîtront à tout homme de sens, diamétralement opposées à l'intention du législateur de 1858. Que voulait en effet ce législateur? Je l'ai dit dans mon article du 10 janvier, et il faut que je le répète, et je le répéterai à satiété, avec l'exposé des motifs de la loi elle-même [1] : « Atteindre ces » *usurpations flagrantes* sur lesquelles il n'y a ni erreur ni illu- » sion possibles, dont le *jour et l'heure* peuvent être indiqués, » que rien n'explique ni *ne justifie*. » Qui, le législateur de 1858, entendait-il punir? « Celui qui, *sans droit* et en vue de *s'attribuer* » une distinction honorifique, aurait publiquement changé, altéré » ou modifié le nom que lui assignent les actes de l'état civil [2]. »

Est-ce le cas de l'honorable M. G. de Vas...? Il suffit de poser la question pour la résoudre. Il produit des actes remontant jusqu'au 22 septembre 1761 (à un siècle moins quelques mois), dans lesquels ses auteurs figurent avec les qualifications d'*écuyers, seigneurs de Vas...*, et où ils SIGNENT G. de Vas... Le tribunal ne s'est pas contenté de cette production; il ne se contente même pas de savoir qu'en 1677 et 1697 (il y a près de deux siècles!!) un des auteurs du requérant était qualifié *écuyer*, *seigneur de Vas...*

[1] Le travail plus approfondi auquel j'ai dû me livrer depuis, à l'endroit de la loi du 28 mai 1858, m'eût fourni les moyens de citer bien d'autres passages et d'autres autorités qui corroborent mes appréciations; mais ces citations suffisaient dans une lettre à un journal. On verra les autres plus loin.

[2] Notez bien que par ces mot, *les actes*, on entend toujours aussi *l'ensemble des actes* qui constatent *la situation de la famille*. (*Voir* la précédente lettre, p. 41.)

et fils d'un autre G... aussi qualifié *écuyer*, sieur de... et *de Vas*...

Si tout cela ne suffit pas... que faudra-t-il donc produire désormais? En vérité, je ne le sais ; mais ce que je sais bien, c'est qu'en présence de pareils principes (si tant est que ce soient des principes), très-peu de nos familles les mieux posées, nobles ou non, pourraient prétendre au droit de conserver désormais *le nom qu'elles portent*... J'en pourrais citer, des plus notoirement tenues pour ce qu'elles sont réellement, et auxquelles les prudents magistrats du ressort de la cour de Poitiers ne chercheront pas chicane assurément, et que je plaindrais sincèrement s'il leur fallait affronter la barre du tribunal de Châteauroux [1].

Nous sommes loin, avec cette jurisprudence-là, des assurances (très-politiques et très-sages) que de hauts personnages nous donnaient jadis sur la loi de 1858, qui, selon eux, « ne s'appliquerait jamais à ceux auxquels une possession d'état avant 1779 assurerait un bénéfice de droits acquis, sur lesquels il paraissait prudent de ne pas revenir, pour ne pas tomber dans des difficultés inextricables et dans des embarras infinis [2]. »

[1] En présence de ce considérant, « que sans doute il est de principe élémentaire que le fils doit porter le nom de son père, mais que si ce principe est incontestable, un autre ne l'est pas moins, à savoir : que, pour qu'un fils puisse faire établir par la justice le nom de son père, il doit prouver le *droit qu'avait son père* à porter tel ou tel nom; » que dirait un Montmorency lui-même? car enfin ce qui, d'après les principes du tribunal de Châteauroux s'applique au père et à l'aïeul de M. G. de Vass., doit être applicable au bisaïeul au trisaïeul, etc. Or les Montmorency eux-mêmes ont eu un aïeul *quelconque* qui ne signait pas *seulement* N... de Montmorency. Décidément je plaindrais les Montmorency... s'il y en avait.

[2] Veut-on quelque chose de plus officiel que ceci ? « Les règles en cette matière, » disait l'exposé des motifs, « n'ont pas toujours été bien constantes ou bien stables; le temps et l'usage peuvent en avoir affaibli le souvenir et l'autorité ; les changements survenus dans la législation en ont rendu, en

C'était en effet là de la prudence élémentaire, et dont on eût bien fait d'imposer l'obligation partout et à tous. On se fût épargné, à l'aide de ce point de départ certain et que des documents publics pouvaient, comme je l'ai démontré ailleurs [1], établir officiellement, on se fût épargné, dis-je, ces recherches malheureuses, ces investigations désobligeantes qui s'étendent aujourd'hui comme un réseau sur la France entière, qui touchent à tout, remuent tout, sans profit pour personne, mais au détriment certain de plusieurs, lesquels vont se trouver atteints (dans ce qu'il y a au

certains cas, l'application impossible. Il ne serait donc ni prudent ni juste *de remonter à l'origine* de possessions plus ou moins anciennes, pour y rechercher des abus et en faire retomber le châtiment sur la postérité de ceux qui les auraient commis. »

« Pour les temps *antérieurs à* 1789, » lit-on dans le rapport présenté à l'empereur, à l'effet de rétablir le conseil du sceau des titres, « à défaut d'un acte régulier de collation, de reconnaissance ou d'autorisation, dont *la production n'est pas toujours possible*, n'y aura-t-il pas lieu d'attribuer au conseil la faculté d'étendre le cercle des preuves, et d'admettre, selon les circonstances, comme justification du droit au titre ou au nom soumis à la vérification une *possession constatée* par des actes de fonctionnaires publics, ou par des documents historiques ? » Comme on le voit, c'est toujours la même pensée, applicable à la loi du 28 mai 1858 comme au décret.

Ecoutez maintenant M. Rigaud, parlant au Corps législatif : « La règle d'application (de la loi) qu'on devra suivre me paraît bien simple. Je comprendrais que l'on *se contentât* d'une *possession notoire*, à l'égard des titres *antérieurs* à 1789 ; pour ces *titres-là*, une *possession par notoriété* doit *suffire*. Une révolution a passé sur ces titres, ils peuvent avoir été perdus ; demander qu'ils soient produits semble impossible. Mais, pour les titres donnés depuis l'empire, l'honorable membre pense que des preuves authentiques doivent être exigées. » (*Moniteur* 9 mai 1858.) *V.* l'opinion du général Parchappe, citée en note, p. 30.

[1] *V.* la IIe lettre et ses notes.

monde de plus sensible) par un de ces froissements qu'on pardonne rarement et qu'on n'oublie jamais.

La justice elle-même n'y saurait pas plus gagner que la politique, car il est aisé de voir, d'après les décisions judiciaires déjà connues sur ces matières difficiles, que les principes sont peu fixés. Ici on estimera que la particule DE, quelque part qu'elle se trouve, affecte des allures aristocratiques incompatibles avec un nom roturier [1]; là, on jugera que cette particule n'est qu'indicative de l'état nobiliaire, et à un brave gentilhomme qui n'aura revêtu que cette *apparence nobiliaire* de *convention*, on dira : Vous avez eu tort d'allonger votre nom.... *quoique* vous soyez gentilhomme [2]. Plus loin, on pensera qu'à défaut de l'emploi du titre qualificatif de noblesse tombé en désuétude, il faut bien laisser subsister le nom *terrien*, lors même qu'il n'aurait pas été toujours et constamment porté par tous les membres de la filiation et à tous ses degrés [3]; près de moi (à Châteauroux, par exemple), on n'adoptera pas cette interprétation, et le nom *terrien* sera sabré sans merci, comme n'étant pas *partie intégrante* du nom patronymique qui doit seul sortir triomphant de l'épreuve de cette nouvelle pierre le touche.

Or, si on n'enraye pas le char lancé dans une mauvaise voie, vous verrez bientôt sortir de ce *tohu-bohu* étrange quelque chose

[1] C'est le système qui devrait résulter logiquement de tous les documents officiels qui se sont produits avant et pendant la discussion du projet de loi du 28 mai 1858; il serait trop radical. — *V.* les citations que je fais dans plusieurs de mes lettres.

[2] *V.* ci-après, lettre V[e] sur le jugement du tribunal de S. J., affaire P.

[3] Ce serait là une jurisprudence de raison et d'équité qui aurait le double avantage d'être en harmonie parfaite avec les intentions formelles du législateur de 1858, et de couper court aux difficultés inextricables dans lesquelles le système contraire va nécessairement jeter tous les tribunaux de l'empire.

de plus étrange encore : vous verrez supprimer d'un côté les *particules*, de l'autre les noms *terriens;* et comme les qualifications du premier degré de la noblesse ne sont plus de mise [1], il n'y aura plus, *sauf de rares et très-rares exceptions*, que des noms *d'apparence roturière.* On aura fait table rase de TOUT, et la noblesse française (la *vraie* comme l'*apparente*) devra REDATER de 1860 !!

Assurément ces visées-là ne sont pas ce que voulaient les pères de la loi du 28 mai 1858 ; ils n'entendaient pas le moins du monde porter atteinte à des habitudes reçues, acceptées, sanctionnées par le temps, à des possessions d'état qui, si on en croyait le tribunal de Châteauroux, devraient être seules exceptées de la protection tutélaire de la grande patronne du genre humaine [2]; et pourtant le législateur de 1858 savait bien qu'à partir de la révolution, les qualifications d'autrefois ont disparu, et que même depuis les chartes post-révolutionnaires, qui ont rétabli la noblesse sans ses droits terriens, les plus usuelles de ces qualifications sont tombées en désuétude ; mais il savait aussi qu'à la place de tout cela, il s'est établi une modification dans les noms, modification consentie, créée même aujourd'hui [3], je l'affirme, par le *peuple,*

[1] Toujours la même pensée, sur laquelle j'ai dû loyalement revenir en présence des faits qui la condamnent. — *Voir* la note de la page 37, et les lettres VIIe et VIIIe.

[2] *Voir* plus loin et à l'appendice les citations nombreuses empruntées à la discussion de la loi sur ce point hors de tout conteste possible.

[3] Qu'un personnage quelconque occupe, dans nos campagnes, le vieux manoir des *anciens*, ou bien que sa demeure nouvelle affecte des proportions, un aspect tant soit peu hors du commun, ou bien encore et seulement que ce personnage ait ces allures que l'argent ou l'apparence de sa possession donne assez ordinairement aux gens venant de loin, vous verrez bientôt son nom, répugnât-il (le nom, car le propriétaire s'y prête toujours), répugnât-il cent fois à la chose, s'allonger de par

lequel, parlant comme il *sent* et selon qu'il *sent*, a *senti* qu'il devait distinguer d'une façon *telle quelle* ceux qui étaient, dans sa pensée de tradition, ce que n'étaient pas les autres. Cette modification a été celle-ci : on a appelé du *nom terrien d'autrefois* ceux qui avaient été *autrefois seigneurs de la terre,* ou bien encore on a placé devant le nom patronymique un *signe représentatif, abréviatif* du titre *seigneurial d'autrefois.*

Cette désignation est-elle conforme ou contraire à des édits anciens? Le législateur de 1858 ne s'en est ni inquiété ni soucié [1],

les *us populaires*, et revêtir ainsi la signification que le peuple a toujours entendu donner. à ces *lettres patentes* dont il est et restera quand même, sachez-le bien, le souverain et large dispensateur, sans s'inquiéter de l'enregistrement ni de la *correctionnelle.*

Veut-on un exemple encore plus frappant de ceci?

J'ai pour fermier un brave et digne homme dont tous les frères sont des paysans, de *vrais paysans*, de nobles paysans (je suis heureux de serrer leurs mains calleuses et de saluer leur honneur, quand je refuserais main et chapeau à beaucoup d'autres... qui ne sont pas paysans); or, le fermier a reçu quelque éducation, et sous sa blouse ordinaire, que distinguent seulement deux agrafes d'argent, se cache une veste d'une forme un peu moins rustique que celles du commun; c'est, en un mot, le *monsieur* de la famille, qu'il honore, du reste, moins par l'écharpe municipale que par son cœur d'or et sa probité de franc aloi. Eh bien! ce demi-paysan, savez-vous comment, dans le populaire, on le distingue de ses frères? Ceux-là, on les appelle de leur nom patronymique, et celui-ci de son nom de baptême (un nom malheureusement, il est vrai, car il ment, emprunté à la mythologie grecque), devant lequel on n'hésite pas à placer l'aristocratique particule.

Vous riez, et certes je ne m'en fâcherai pas; mais dites-moi, s'il vous plaît, aimable rieur, ce que signifie, dans la pensée du *populaire*, ce DE que vous trouverez peut-être quelque peu fourvoyé?

[1] Cela ressort (avec une évidence qui a la clarté du soleil en un beau jour du mois de juin) de toutes les preuves qu'on en trouvera produites en

parce qu'après *la table rase* faite de tout le système féodal, ces édits n'ont plus leur *raison d'être*. Tenez donc pour certain que, selon l'intention de ce législateur, les appellations du genre de celles que je viens d'indiquer, quand elles ont été données à des familles (nobles ou non, entendez-le bien) dans des actes sérieux et authentiques remontant au milieu du siècle dernier, ne doivent pas leur être ravies, au mépris de la coutume que la révolution elle-même a justifiée, en imposant à cette coutume une espèce de nécessité, une raison d'être, sur la justice de laquelle le peuple lui-même ne s'est pas mépris. Tenez pour certain aussi que, si l'honorable président G. de Vas... continue à signer son nom comme l'écrivaient, il y a cent ans, son père et son aïeul, il ne se trouvera pas un citoyen qui le blâme et pas un juge correctionnel qui ose le condamner.

Agréez, etc. Saint-Hilaire, près le Blanc (Indre), 2 mars 1860.

leur lieu dans les lettres suivantes. Il serait donc à souhaiter que, moins préoccupé de faire de la haute science du droit que des applications équitablement pratiques aux espèces, la jurisprudence, dans ces matières délicates, abordât franchement les véritables points de la difficulté plutôt que de les tourner par des fins de non-recevoir, par des distinctions subtiles, qui auront presque toujours le tort de noyer le fond dans la forme.

POST-SCRIPTUM.

Depuis la publication de cette lettre, j'ai reçu d'un de mes honorables correspondants la note suivante; c'est la copie de l'acte de baptême de Mirabeau, lequel est ainsi conçu :

« Cejourd'hui seizième jour de mars mil sept cent quarante-neuf, je prêtre curé soussigné supplée (*sic*) les cérémonies de baptême à messire Honoré de Riquetti, né le neuf de ce mois et ondoyé le dix, fils de haut et puissant seigneur messire Victor de Riquetti, marquis de Mirabeau, comte de Beaumont, seigneur du Bignon et autres lieux, et de haute et puissante dame Marie-Geneviève de Vassan, ses père et mère de légitime mariage; le parrain qui a donné le nom de Gabriel-Honoré est haut et puissant seigneur messire Gabriel de Gerchy de Permangle, et la marraine haute et puissante dame Anne-Thérèse de Sauvebœuf, marquise de Vassan, lesquels ont signé avec moi.

ANNE-THÉRÈSE DE FERRIÈRES DE SAUVEBŒUF DE VASSAN.

PERMANGLE, MIRABEAU.

F. I. B. MASSILIEN, sous-prieur des Jacobins de Sens.

DELAPLACE, curé de Bignon. »

A la suite de cette pièce historique, mon correspondant me demande quelle décision le tribunal de Châteauroux eût prise, si la requête signée G. de Vass. eût été signée comte de Mirabeau ?

En avouant à mon correspondant que les deux espèces eussent été complétement identiques, je ne me charge pas de répondre à sa question, je me borne à la poser moi-même.

CINQUIÈME LETTRE

Où l'on verra figurer encore la particule, plus l'examen d'une question de droit correctionnel et un dilemme en réponse à cette question.

CINQUIÈME LETTRE

Où l'on verra figurer encore la particule, plus l'examen d'une question de droit correctionnel et un dilemme en réponse à cette question.

Au Directeur du *Journal de la Vienne*.

MONSIEUR LE DIRECTEUR,

Un tribunal vient tout récemment, et en application de la loi du 28 mai 1858, de condamner *correctionnellement* M. N... pour avoir (*quoiqu'il soit noble*) ajouté dans des actes publics à son nom patronymique la particule nobiliaire et un nom terrien qui avaient été portés par son bisaïeul, et que son père avait négligé d'adopter et de faire inscrire dans l'acte de naissance de son fils [1].

A cette occasion, auriez-vous l'obligeance de donner l'hospitalité de votre journal à la copie de la lettre que j'écrivis, il y a déjà quelques semaines, à un de mes *nombreux clients*, en réponse à ses questions sur un sujet à peu près identique à celui qui a fait l'objet de la décision judiciaire que je vous signale?

Je regrette assurément de n'avoir pas été du même avis que le tribunal de S. J..., mais... *non possumus*.

Je félicite même sincèrement le pauvre condamné de ce que le Corps législatif n'ait pas inséré dans la loi du 28 mai 1858 un

[1] *Voir* à l'appendice le texte de ce jugement.

amendement rigoureux signé d'un de nos représentants, car, à l'heure qu'il est, M. P... devrait peut-être se résigner à aller, malgré son écharpe municipale, passer quelques-unes de ces nuits froides entre les quatre murs d'une prison... à moins que la cour (ce que je souhaite sincèrement dans des vues qu'on ne saurait me reprocher, j'aime à le croire) n'accueille les conclusions de votre, etc.

Sainte-Hilaire, le 10 mars 1860.

. . . .

Vous me demandez, Monsieur, ce que je pense : 1° en général, de l'emploi de la particule; 2° spécialement, de cette question-ci : Un gentilhomme qui l'aurait ajoutée à son nom d'origine notoirement et incontestablement noble serait-il exposé à des poursuites *correctionnelles*, en vertu de la loi du 28 mai 1858? Voici ma réponse :

1° Dans les articles insérés au *Journal de la Vienne*, et que vous avez lus, puisque ce sont eux qui m'ont valu l'honneur de votre correspondance, je me suis expliqué d'une façon claire et précise, je le crois du moins, sur la première question; cependant, puisque vous le désirez, voici sur ce sujet quelques développements qui n'avaient pu trouver place dans un article de journal, toujours nécessairement aussi court qu'il est rapide.

De nos jours, — la chose est assez connue, et je ne vous apprendrai rien à cet égard, — un grand nombre des modifications introduites dans les noms patronymiques à l'aide de la *particule* l'ont été *sans droit* et assurément en vue de s'attribuer la *distinction honorifique* qu'une coutume, datant déjà de l'ancien régime, — comme vous l'allez voir, — plaçait dans cette simple combinaison de deux ou trois lettres, primitivement fort innocentes du fait qu'elles consacrent *incontestablement* aujourd'hui.

Et voici comment cela s'est pratiqué : on a ajouté au nom patronymique les particules *de*, *du*, *des*, ou même la simple apostrophe, ou bien, lorsque ces particules se sont trouvées placées au commencement du nom, on les en a séparées. Un second nom (ordinairement un nom de terre, de propriété, de simple métairie même, car on est allé jusque-là) s'est ajouté au premier nom, dont on l'a séparé par une particule, et, dans un cas comme dans l'autre, *le tour était fait*.

Et en effet, s'il est vrai qu'en *droit* la particule ne soit ni constitutive ni même simplement caractéristique de la noblesse, en *fait* elle est cela aujourd'hui dans les apparences *utiles*, — toujours préférables, pour la plupart des gens, aux réalités sans profit, — et il faut l'accepter pour ce qu'elle est, comme l'ont fait très-sagement, à mon avis, les législateurs de 1858, sous peine d'arriver à des conséquences complétement illogiques.

Il y a, du reste, longtemps déjà que ce mode économique d'*anoblissement* des noms est entré dans les habitudes françaises; nos vieux auteurs en parlent, et ils citent des exemples qui prouvent au moins le fait, s'ils ne le justifient pas [1]. Je vous ferai grâce, Monsieur, de ces citations; je craindrais que vous n'y vissiez un vain étalage d'érudition archéologigue plutôt que légale; mais je ne puis vous épargner la peine, mêlée de quelque plaisir assurément, que vous donnera la lecture du passage suivant :

« Il y a un peu plus d'excuse, dit Loyseau, en la vanité de nos » modernes porte'espées qui, n'ayans point de Seigneurie, dont » ils puissent prendre le nom, adioustent seulement vn *De* ou » vn *Du* deuant celuy de leurs pères; ce qui se fait en guise de » Seigneurie. Car c'est pour faire un génitif possessif au lieu de » nominatif, ainsi que les Italiens nous le font bien cognoistre, » et pareillement les Gascons, ès noms des gens de lettres qu'ils » terminent communément en I, les mettans au génitif latin. » Comme, pour exemple, on appeloit de mon temps à Tholoze » ce docte président du Faur (qui a si bien escrit), le président » Fabri. Or, comme Fabri en latin, aussi du Faur en françois,

[1] Bien avant eux, Lucien ne s'égayait-il pas aux dépens de ce brave savetier *Simon*, qui, étant devenu riche, se faisait appeler *Simonide*? On le voit, cela est vieux comme le monde; ajoutons : cela vivra autant que lui.

» est un génitif, et quand on dit Pierre du Faur, il faut soubsen-
» tendre par nécessité le nom de seigneur, ou quelque autre, qui
» se puisse lier à ce génitif, comme, quand au latin, on dit
» *Petrus Fabri*, il faut suppléer ce mot *Dominus;* autrement,
» ce seroit vne incongruité contre cette règle de grammaire, qu'on
» appelle la règle d'apposition.

» Ceux qui mettent ces particules au deuant de leur nom,
» veulent qu'on croye que leur nom vient de quelque Seigneurie
» qui estoit d'ancienneté en leur maison; de sorte que s'est
» tousiours s'attacher à la terre et la préférer à l'homme, contre
» la raison de la loi *Iustissime, D. de Ædil. edicto*, et contre la
» règle de Cicéron aux Offices, que *non domo dominus, sed*
» *domino domus honestanda est.* Mais quoi? Notre nou-
» velle noblesse ne pense pas que ceux-là soient Gentilshommes
» dont les noms se sont annoblis par ces articles ou particules.
» Combien que les chroniques nous tesmoignent que jadis les plus
» notables familles de ce Royaume ne les auoient; mais cela est
» venu de degré en degré, comme l'ambition croist tousiours »
(Loyseau, *des Ordres* XII, 59-60) [1].

Cette ambition, Monsieur, à laquelle n'ont pu résister ceux-là même qui étaient assez riches pour n'en avoir pas besoin, — dès qu'ils ont vu la position que la force de l'usage accepté allait leur faire, — cette ambition, dis-je, a constitué un de ces *faits accomplis* contre lesquels il n'y a pas de protestations possibles, et qu'il faut subir autant en faveur de ceux qui en ont simplement *usé* que contre ceux qui en ont *fait abus*.

D'où la conclusion logique et rigoureuse, il me semble, qui répond à votre deuxième question, et que voici :

[1] Dans la Xe lettre, à propos de la particule dont je recherche l'origine légale, j'explique les raisons qui, du temps de Loyseau, avaient déjà provoqué ces tendances devenues depuis irrésistibles.

2° Le fait d'avoir ajouté à son nom, suivant une coutume déjà fort ancienne et sanctionnée par les habitudes de ce temps, une des particules dites *nobiliaires*, ou d'avoir *scindé* en deux parties ce nom, s'il se prêtait à cette facile transformation, ne me paraît pas devoir faire tomber un individu *noble* et *tenu notoirement pour tel* sous le coup de l'application de la *pénalité correctionnelle* édictée par la loi du 28 mai 1858 ; car cette loi n'a pas entendu punir comme coupable de s'être *sans droit attribué une distinction honorifique* celui qui, étant *réellement noble*, n'a eu d'autre but, en s'attribuant la particule, que de MANIFESTER sa noblesse par le *seul* signe *extérieur* qui puisse aujourd'hui, suivant les idées reçues, produire cette *manifestation*.

La noblesse n'est plus aujourd'hui ce qu'elle fut autrefois, cela est vrai ; elle ne peut plus être, c'est le rapporteur de la loi de 1858 qui le dit lui-même, elle ne peut plus être qu'une *distinction honorifique ;* mais celui qui a droit à cette simple distinction, *parce qu'il est noble*, ne peut être accusé d'avoir commis un fait d'*usurpation* en revêtant la *distinction* à laquelle il a droit.

Or, si l'on se reporte à la loi de 1858, à ses motifs et aux développements donnés à ces motifs par l'organe de la commission du Corps législatif[1], on y puise nécessairement la conviction profondé que le délit prévu par cette loi est réellement L'USURPATION NOBILIAIRE.

Donc celui qui est tenu pour noble et qui l'est réellement, et c'est, Monsieur, le cas que vous me proposez, ne saurait être atteint par cette loi ; car, si votre client est noble, on n'a pas pu raisonnablement vouloir, et on n'a pas voulu en effet, lui ravir le droit de le PARAÎTRE.— Agréez, etc.

[1] *Voir*, à la fin de la brochure, tous ces textes importants.

Aux conclusions de cette lettre, le jugement du tribunal de S.-J. sur l'espèce qui lui a été soumise, permet d'ajouter ceci :

Un dilemme.

Le législateur de 1858 a voulu punir l'*usurpation frauduleuse* faite *en vue* d'une *distinction honorifique*, et il a entendu *ne punir que cela* (ce sont les expressions de l'honorable rapporteur lui-même)[1]; or, l'*usurpation* de la particule et des noms terriens a été *nominativement désignée* non-seulement par le rapporteur, mais encore dans la *discussion* de la loi, comme constituant cette *usurpation*[2].

Le législateur, d'accord en cela avec l'usage reçu, accepte donc la *particule* et le *nom terrien* comme *manifestation*, aujourd'hui consacrée, de l'état d'un homme qui a droit aux distinctions honorifiques (en termes plus condensés et plus nets), à la *noblesse*.

Si donc la particule et le nom terrien ont ce *caractère* pour *faire punir* celui qui les *usurpe*, ils ne peuvent en *changer* quand ils sont adoptés par un individu noble, ayant déjà droit, par conséquent, *en dehors de ces signes extérieurs de convention*, aux distinctions honorifiques que ces signes ne font *que représenter* de la seule façon utile aujourd'hui.—Et alors il n'y a plus d'*usurpateur* ; s'il n'y a plus d'*usurpateur*, il n'y a plus d'*usurpation*, et si l'*usurpation* est *seule délictueuse*, où gît, s'il vous plaît, le *délit?*

Oh ! logique, logique !!

[1] On est prié de lire tous ces textes rapportés à la fin de la brochure, et notamment le § 16. Ils figurent, du reste, dans la lettre suivante.

[2] *Voir* les textes cités à la fin de la brochure, et surtout le § 17, en regard duquel il faut mettre cet extrait du *Moniteur* du 9 mai : « M. Legrand trouve singulier que la loi n'attache aucune pénalité à *l'usurpation des noms sans prétention aristocratique*, et punisse la simple usurpation d'*une particule*... toute usurpation d'un nom ou d'une particule aristocratique tombera sous le coup de la loi... »

SIXIÈME LETTRE

Où l'on verra l'application faite par un anonyme d'une fable de La Fontaine à la loi du 28 mai 1858.

SIXIÈME LETTRE

Où l'on verra l'application faite par un anonyme d'une fable de La Fontaine à la loi du 28 mai 1858.

MONSIEUR,

Votre billet sans nom, où je lis avec regret l'expression de sentiments qui me paraissent d'un autre temps, me renvoie à la fable suivante :

> Un loup disait que l'on l'avait volé ;
> Un renard, son voisin, d'assez mauvaise vie,
> Pour ce prétendu vol, par lui fut appelé.
> Devant le singe il fut plaidé...
> Le juge, instruit de leur malice,
> Leur dit : Je vous connais de longtemps, mes amis ;
> Et tous deux vous payerez l'amende ;
> Car toi, loup, tu te plains, quoiqu'on ne t'ait rien pris,
> Et toi, renard, as pris ce que l'on te demande.
> Le juge prétendait qu'à tort et à travers,
> On ne saurait manquer condamnant un pervers.

Vous m'engagez à lire moi-même et à méditer cette fable, d'un sens profond, et vous terminez par ces mots : « Vous n'avez peut-» être pas tort, mais les juges ont raison, *condamnant les vieux* » *pervérs*. »

Eh bien ! Monsieur, j'ai suivi votre conseil, et voici les pensées que votre citation a fait naître en moi, voici les réflexions qu'elle m'inspire :

Excusez-moi si elles vous paraissent bien sérieuses, en présence de ce qui n'a peut-être été de votre part (et j'aimerais à le croire) qu'une simple plaisanterie.

Je veux d'abord rester convaincu que la pensée de ceux qui se sont crus condamnés à condamner quelques-uns de mes pairs dans les questions d'état civil soumises à leur appréciation n'est pas la vôtre, Monsieur ; mais, à un certain point de vue, les vers du poëte ont aussi *pour moi* leur *moralité* que je vais vous proposer à mon tour.

Quelles ont été les intentions formellement exprimées par le législateur de 1858 dans l'élaboration de son œuvre ?

« La loi, » lit-on dans l'exposé des motifs, « applique la même peine à tous les *usurpateurs* de titres... » Ils (les magistrats) comprendront qu'ils doivent poursuivre les *usurpations flagrantes*.... (ils feront) « l'application du principe que, sans *intention coupable*, il n'y a point de *criminalité*... » — « Sire, » lit-on dans le rapport à l'empereur proposant le décret du 8 janvier 1859 sur le rétablissement du conseil du sceau, « en rétablissant les dispositions pénales contre ceux qui *usurpent* des titres et qui *s'attribuent sans droit* des qualifications honorifiques, vous aurez, etc... »

Les USURPATEURS, voilà, si je ne me trompe, les vrais *pervers* que celui qui a proposé la loi veut atteindre et punir.

Poursuivons :

« La majorité n'a pas tardé à reconnaître, dit le rapporteur de la commission, que la vanité était, en dehors de l'escroquerie, l'élément nécessaire de tout changement de nom *répréhensible*. Elle s'est ralliée à l'idée moins vaste, mais plus conforme au principe du projet, de n'atteindre que les *falsifications* de noms opérées *dans un but* de distinction honorifique.

» Elle a pensé que c'était là, dans la réalité, le *seul scandale* dont l'opinion se fût émue, et qui fût sérieusement *punissable;* mais aussi elle n'a pas hésité à vouloir qu'il ne demeurât pas plus longtemps impuni.

» L'abus des *usurpations* de noms nobiliaires est plus fréquent encore que celui de l'usurpation des titres, et le prépare souvent ; ce sont des faits de même nature, dictés par le même mobile, procurant les mêmes avantages. *Comme le titre,* plus que le titre même, la *particule* s'ajoute au nom, en fait partie, se communique et se transmet. Elle le décore, dans nos mœurs, presque à un égal degré, et fait croire quelquefois davantage à l'ancienneté de l'origine ; son *usurpation* méconnait le droit du souverain, sans l'autorisation duquel les noms ne peuvent être changés; elle porte atteinte aux *droits* respectables de ceux qui en ont la *possession légitime; frauduleuse* dans son origine, elle a souvent pour conséquence des fraudes d'une autre nature...

« Nous croyons avoir suffisamment déterminé le caractère légal de la *falsification* des noms, que nous avons voulu punir ; personne ne s'y trompera ; le délit ne subsistera qu'à *la double condition* que la particule nobiliaire aura été *scandaleusement introduite* dans le nom véritable par une altération quelconque, *en vue* d'une distinction honorifique. » — Est-il nécessaire de dire que l'adoption d'un nom de terre, relié par une particule au nom patronymique qu'on conservera d'abord, sauf à le supprimer ensuite, pourra constituer l'infraction ? Le meilleur commentaire de la loi sur ce point sera dans nos habitudes sociales ; il n'est point nécessaire d'être jurisconsulte pour se rendre un compte exact de sa portée. N'avons-nous pas d'ailleurs eu déjà l'occasion d'expliquer la valeur de cette expression : *distinction honorifique*, que nous avons employée dans la rédaction de la loi ? » — *Voir* aux textes dans l'appendice, § 11.

..... « Il ne s'agit que d'atteindre l'*audace*, la *mauvaise foi* ou la *fraude.* »

Ceux qui veulent *sans droit* et à tout prix une distinction honorifique, et qui, ne l'ayant pas, la prennent *frauduleusement*, voilà, voilà toujours les *vrais pervers*.

« La loi, » disait M. le garde des sceaux, dans sa circulaire aux procureurs généraux, » a le double but de réprimer les entreprises et les *usurpations* d'une vanité *coupable*. »

Usurpateurs coupables, voilà encore et toujours les vrais pervers....

Or, si l'on condamne les *usurpateurs* qui auront *falsifié* leur nom dans *un but* de *distinction honorifique*, comme le *seul scandale* dont l'opinion se soit émue et qui soit *sérieusement punissable*, si on les condamne, dis-je, pour avoir fait ceci, *parce qu'ils* ne sont pas nobles;

Et si l'on condamne aussi ceux qui auront altéré leur nom sans qu'ils aient pu viser au but d'une distinction honorifique dont leur état et leur notoriété leur donnaient le droit de se décorer, si on les condamne, dis-je, *quoiqu'ils* soient nobles;

Il est bien certain, Monsieur l'anonyme, que la *moralité* de la fable que vous m'avez adressée pourrait, au premier coup d'œil, trouver son application désobligeante pour les *pervers*.

Mais, je vous ferai observer, Monsieur le moraliste, que, dans une vieille édition de La Fontaine qui se trouve en ce moment sous ma main, le *Bonhomme* se plaint en note de ce que, ne goûtant pas le sel du bon mot qu'il avait emprunté au latin de Phèdre, son devancier, « quelques personnes de *bon sens* aient cru que l'*impos-* » *sibilité* et la *contradiction* qui est dans le jugement de ce singe » était une chose à censurer. »

C'est que, dès le temps de La Fontaine, la logique française ne comprenait pas qu'on pût condamner *en même temps* deux parties adverses en cause pour un fait dont l'*affirmative* vis-à-vis de l'une constituait nécessairement la *négative* vis-à-vis de l'autre; et, de fait, c'était de dure digestion pour l'estomac de la logique française.

Or, c'est un peu, m'est avis, le cas de nos *espèces récentes*, et je crois fermement que les personnes de bon sens d'aujourd'hui ne comprendront pas plus la plaisanterie de cette *réalité* que les personnes de bon sens du siècle de Louis XIV ne comprenaient le bon mot de la *fable* du poëte.

Qu'en pensez-vous, vous-même, Monsieur l'anonyme, et que dites-vous de la *moralité* que je vous propose à mon tour?

Agréez, etc.

SEPTIÈME LETTRE

Où l'on verra une palinodie de l'auteur à l'endroit du titre d'écuyer.

SEPTIÈME LETTRE

Où l'on verra une palinodie de l'auteur à l'endroit du titre d'écuyer.

A M. N.....

Monsieur,

Dans votre lettre du....., vous relevez, avec une politesse qui ne m'étonne point de votre part, les appréciations que, dans mon article du 10 janvier, j'ai « fait subir, » dites-vous, « à la qualification si respectable d'écuyer; » mais vous ne seriez peut-être pas très-éloigné de me blâmer « de l'espèce de dédain qu'accuseraient en moi ces paroles jetées en parenthèse : *Nul, m'est avis, n'a intérêt dans ces temps-ci à tirer de leur poussière ces qualifications d'autrefois.* »

Il y a huit jours, Monsieur, huit jours seulement, j'aurais essayé de justifier, — et j'y serais parvenu peut-être, — cette malencontreuse parenthèse, qui prouve du moins que je suis de mon temps, et que j'accepte franchement et sans arrière-pensée les conséquences rigoureuses des principes qu'on invoque tant de nos jours, — sauf à y puiser ce qui plaît, et à y laisser dormir tout ce qui condamne ou contrarie. — Mais aujourd'hui, mais maintenant, après avoir vu de mes yeux les tendances menaçantes de certains interprètes de la loi du 28 mai 1858, je vous dis *habes confitentem reum.*

Aussi, Monsieur, vais-je répondre carrément à la question que vous me posez, à la fin de votre lettre, par cette simple phrase :

« Comment nous désignerons-nous maintenant, nous simples » gentilshommes à noms mutilés?... »

Et ma réponse, la voici, telle que me l'inspire, non pas la boutade du moment, mais une réflexion sérieuse et froide :

Si, en dépit des assurances solennellement données lors de la discussion de la loi du 28 mai 1858 [1], cette loi, dans ses interprétations, dans ses applications pratiques, arrive à ces conséquences, diamétralement opposées aux intentions de ses auteurs : « supprimer, dans les *apparences extérieures* et la *forme matérielle* » des noms, ce qui aujourd'hui, constitue aux yeux de tous et de » par l'usage, la RÉALITÉ de l'état nobiliaire, de telle sorte qu'il » arrive que ce soient désormais précisément ceux qui sont *vérita-* » *blement nobles* qui *paraissent ne pas l'être,* » oui, Monsieur, il y a une mesure à prendre ; cette mesure, la voici :

Subir la mutilation imposée, — après avoir, bien entendu, lutté avec énergie devant toutes les juridictions légales ; — puis, quand cette mutilation sera, elle aussi, *un fait accompli,* à l'exemple d'Antée, ce noble fils de la Terre, puisant de nouvelles forces au contact de notre mère la France et son histoire, nous nous relèverons et nous ferons revivre ce qui allait mourir.

Eh quoi ! Messieurs, il ne vous paraît pas que nous puissions nous appeler d'une façon qui fût nôtre pendant des siècles, et que d'autres garderont parce qu'elle est leur *depuis hier* [2] ? Il ne vous

[1] *Voir* les textes officiels rapportés dans ces lettres, *passim*, et surtout à la fin de la brochure.

[2] J'ai entendu un magistrat, chef de parquet, affirmer devant moi qu'il ne se croirait pas en droit de poursuivre, en vertu de la nouvelle loi, un citoyen dont l'usurpation serait couverte par son *seul acte de naissance*... Je me borne à poser cette affirmation en présence de ce qui s'est jugé *contre* un ensemble d'actes *constatant l'état de la famille.* Ce simple rapprochement est, il me semble, fort instructif.

semble pas légal qu'une innocente *confusion* dure plus longtemps? Eh bien! soit; il n'y aura plus en effet de confusion, car dès demain, dès aujourd'hui, nous placerons à la suite de ces noms mutilés ce que nous avons le droit incontestable d'y mettre [1], et nous établirons ainsi une ligne de démarcation infranchissable, infranchissable, entendez-vous bien?

Ce résultat, je le déplore; je le déplorerai de toute l'énergie de mon âme, parce que, même depuis huit jours, Monsieur, je suis au fond ce que j'étais naguère, et je ne vois profit pour personne à réveiller toutes ces choses qui dormaient d'un sommeil *bon pour tous*. Mais si ce résultat paraît regrettable (et il le sera; les hommes à courte vue, seuls, peuvent ne pas le tenir pour tel), nous, du moins, nous pourrons dire, en rappelant ce passé d'hier où nous vivions coude à coude et en bons frères, sans être ni rogues ni jaloux : *vous l'avez voulu!*

Oui, Monsieur, c'est ce qu'il faut faire, *sur toute la ligne*. Le gant est jeté [2], et un galant homme ne peut honorablement feindre de ne l'avoir pas vu tomber; on lui dirait avec raison « qu'il veut s'éviter l'obligation de le ramasser. » Pour ma part, je n'hésiterais

[1] Se reporter à la lettre suivante pour compléter celle-ci, que j'ai dû en effet plus tard développer à mon correspondant. Le lecteur remarquera bien, du reste, que, même dans les passages de mes lettres où je parlais de l'ancienne qualification d'écuyer comme tombée en désuétude, j'ai toujours maintenu, et le contraire n'était pas possible, l'existence légale de cette qualification.

[2] On aura beau dire, je le répète, qu'il n'y a dans tout ceci que des jugements sur des questions de droit. Il résultera, en effet, de ces jugements passés en force de chose jugée, un fait contre tous les justiciables nobles qui auront subi ces jugements : ce sera la *suppression* dans leurs noms d'une forme admise comme enseigne de noblesse ; eh bien, cette enseigne de *convention* qu'ils ne pourront plus relever, ils doivent la remplacer par la qualification légale qu'ils ont droit de prendre.

pas à mettre d'accord mes actes et mes paroles, le jour où cette qualification d'*Ecuyer* devrait revivre pour remplacer ce que d'imprudentes mains auraient ravi à nos noms mutilés.

Agréez, etc.

HUITIÈME LETTRE

Où l'on verra se continuer la palinodie de l'auteur à l'endroit du titre d'écuyer.

HUITIÈME LETTRE.

Où l'on verra se continuer la palinodie de l'auteur à l'endroit du titre d'écuyer.

MONSIEUR,

Vous approuvez mes « conclusions » au sujet du conseil que je donne d'ajouter aux noms mutilés le titre d'*Ecuyer,* que nous avons le droit de prendre, mais vous me demandez de vous développer ma pensée sur ce droit lui-même.

Je comprends vos motifs, et, malgré une fatigue très-grande, je vais répondre à vos désirs.

Si le voisin qui vous a si charitablement insinué qu'on pourrait bien vous chicaner « même sur votre noblesse des croisades, » vous parle encore des « principes nouveaux qui régissent cette matière et qui en font une chose nouvelle avec laquelle ne s'assortit plus l'ancienne chose, » priez-le de lire cette lettre; sa bonne foi (je veux toujours tenir mes contradicteurs pour être de bonne foi) y verra, j'ose le croire, quel est le véritable sens de la loi du 28 mai 1858, en ce qui touche ces questions délicates.

C'est donc pour votre sceptique voisin autant que pour vous-même que je vais tracer ces lignes. Excusez-moi si elles ressemblent un peu trop à une dissertation.

J'emprunte, en faveur de ma thèse, tous mes arguments aux documents officiels émanés des autorités les plus imposantes qu'il soit possible d'invoquer.

On lit d'abord dans l'*exposé des motifs* de la loi du 28 mai 1858 : « Il n'est ni politique ni moral d'abandonner aux empiétements de la vanité ou aux entreprises de la fraude une institution à laquelle se rattachent les grands souvenirs de l'*ancienne monarchie*, que les gloires de l'empire ont entourée d'un nouvel éclat, et qui s'appuie tout à la fois sur le respect que commande l'*ancienneté des traditions* et sur l'obéissance qui est due aux actes les plus solennels de la législation *contemporaine*...

» Un décret ayant presque la même date que la constitution de 1852, émané de la même puissance et revêtu de la même autorité, a formellement *abrogé* le décret du gouvernement provisoire qui avait *aboli les anciens* titres de noblesse ; et la France s'est trouvée ainsi *replacée* sous l'empire des idées que, *pendant près d'un demi-siècle*, tous les pouvoirs réguliers ont *adoptées* et *maintenues*...

» C'est là ce que fait (appliquer la même peine à tous les usurpateurs de titres, *sans distinction d'origine*) le projet de loi, en employant des termes assez généraux pour que les titres nouveaux et les *titres anciens* reçoivent une égale protection. »

Ecoutons maintenant M. du Miral, le rapporteur de la commission du Corps législatif :

« Il faudrait admettre le projet, *alors même* qu'il serait réellement, comme on l'a dit, le *rétablissement de la noblesse* en France ; mais c'est là une *erreur capitale* contre laquelle nous ne saurions trop nous élever.

» La noblesse n'est pas à créer, *elle existe*, elle est *vivante;* nous la voyons partout, autour du trône, dans l'armée, dans l'administration, mêlée à tous les pouvoirs publics. Qui a eu jusqu'à présent l'idée de s'en plaindre, et comment cela serait-il si elle était contraire à nos institutions? Il ne suffirait pas, si cette opinion était fondée, d'en permettre l'usurpation, il faudrait la supprimer, à l'exemple de la première et de la seconde république... »

Lorsque la loi du 28 mai 1858 fut soumise à la discussion, celle-ci fut relativement assez vive, et notre question lui fournit des éléments que nous voyons consignés fidèlement au procès-verbal de la séance du 7 mai. (V. *Moniteur* du 9 mai 1858.)

Ainsi M. Belmontet, membre du Corps législatif, exprima cette opinion que la loi proposée était un véritable contre-sens avec les idées d'où était sorti l'empire, puisqu'elle *établissait* la légitimité des titres de l'ancien régime.

M. Lelut, autre député de la minorité, voyait dans la pensée de la loi celle de *raffermir* et d'*étendre* le système des distinctions *héréditaires*. — Les déclarations de l'exposé des motifs ne lui laissaient, disait-il, aucun doute à cet égard, et il rappelait la *signification* des lois diverses que l'exposé des motifs énumérait.

Enfin M. Legrand, combattant le projet de loi, dont la rédaction, selon lui, constituait une véritable *résurrection* de la noblesse française, avait même posé assez nettement la question de savoir si, sous les principes du pacte fondamental actuel, le chef de l'État avait le *droit de faire des nobles*, ce droit n'étant pas inscrit au nombre de ceux que lui attribue la constitution.

La question, comme on le voit, était nettement, carrément posée (votre voisin, Monsieur, ne saurait le nier); voyons ce qu'il y fut répondu.

Ecoutons d'abord M. du Miral, rapporteur de la commission :

« Nul ne peut dire qu'en supprimant l'expression *titres de noblesse* (du projet primitif du gouvernement), et en y substituant les mots *distinctions honorifiques*, la commission ait entendu *supprimer la noblesse*. Si telle eût été la pensée de la commission, le conseil d'Etat aurait-il cru devoir s'y associer?... La commission a voulu seulement *préciser*, de telle sorte qu'il n'y eût pas d'équivoque possible, le *caractère vrai de la noblesse*, et expliquer que c'était seulement une *distinction honorifique*... La noblesse *exis-*

tant comme *droit*, il n'était pas juste de permettre *l'usurpation d'une propriété*... »

A la fin de la discussion, M. Baroche, président du conseil d'Etat et commissaire du gouvernement, prit la parole, et voici ce que j'emprunte au résumé que le *Moniteur* du 9 mai 1858 donne du passage de son discours dans lequel l'orateur répondit aux attaques des adversaires du projet de loi, en ce qui touche la *noblesse même :*

« Sommes-nous dans la même position qu'en 1808, alors que titres, noblesse, distinctions héréditaires, avaient été supprimés? Napoléon Ier *rétablit* ce qui *n'existait plus*. On put alors se demander si ce rétablissement était nécessaire et politique; mais ce *n'est plus une question* à se poser aujourd'hui.

» De même, en 1848, les titres avaient été supprimés par la république. Sommes-nous aujourd'hui dans la même situation? Le gouvernement vient-il, en présence d'une loi qui aurait aboli les distinctions, les titres, ce qu'on appelle en langage usuel les titres de noblesse, demander le *rétablissement* de ce qui n'existerait plus? Les titres héréditaires *existent*, **LA NOBLESSE EXISTE** *avec ses titres* qui se transmettent héréditairement. Il y a même *plusieurs noblesses :* il y a la *noblesse ancienne;* je la respecte, parce que ses titres se rattachent à de grands services rendus dans la guerre ou dans les conseils; puis il y a la *noblesse du premier empire*, qui, à côté de noms glorieux depuis des siècles, a placé des illustrations nouvelles qui rivalisent avec celles des noms anciens. Cette noblesse de l'empire, l'orateur la respecte également et veut la faire respecter... Il y a encore les titres donnés par Louis XVIII et Charles X et quelques titres créés par le gouvernement de 1830. Il y a donc un nombre assez considérable d'hommes honorables ayant droit de porter des titres *anciens* ou *nouveaux*, et il y a aussi le droit du souverain de conférer des titres...

» L'honorable M. Legrand a parlé de la constitution de 1852, et a demandé si l'illustre auteur de cette constitution s'était réservé le droit de donner des titres nobiliaires... L'auteur de la constitution du 14 janvier 1852 a fait **BIEN PLUS** : le 24 janvier 1852, par un acte qui était dans son droit, qui était conforme à la position que le peuple lui avait donnée, Napoléon III a **RÉTABLI** *l'ancienne noblesse* et *la noblesse de l'empire :* il a abrogé le décret de 1848... » (*Moniteur* du 9 mai 1858.)

Conclusion rigoureuse. — L'ancienne noblesse existe comme avant le décret d'abrogation du 29 février 1848 ; c'est-à-dire non pas en vertu de la tolérance précaire de la législation du premier empire, mais avec les garanties légales qu'elle puise dans les principes des deux chartes de 1814 et 1830, *sanctionnés*, c'est le mot, par la loi du 28 mai 1858 elle-même.

Eh bien ! si, en vertu de ces droits puisés aux sources légales, l'*ancienne* noblesse a repris ses titres, il est incontestable que le premier de tous est celui-là même qui de tout temps *caractérisa* la noblesse française, je veux dire le titre d'*Écuyer*.

Je n'entends point faire ici de l'érudition héraldique déplacée; deux mots suffiront :

Dans le principe, *l'Écuyer* était le serviteur *noble* qui assistait le *chevalier* ou seigneur en la guerre et à cheval (les simples gentilshommes n'ayant droit qu'à des serviteurs roturiers), et qui avait la charge de *porter l'écu* ou les armes du chevalier, quand il allait à la guerre; d'où le nom latin *scutifer*, dont l'étymologie ne saurait être contestée.

Plus tard, le droit de porter *écu*, avec ses armoiries et devises peintes sur *icelui*, parut un droit particulier à ceux qui étaient nobles de race ancienne; aussi s'est-on cru autorisé à trouver dans ce fait même l'origine du nom d'écuyer (*armiger*) et l'application de cette qualification aux nobles de nom et armes. Mais, dans la suite des temps, *tous les gentilshommes* prirent cette qualification, « ressentant la profession militaire, qui sans doute est la plus

» vraye source de noblesse.... et dénotant le vray ordre et la no-
» blesse de race. » (Loyseau, *des Ordres*, v, 33; xii, 131.)—Au xvie siècle, il y avait déjà longtemps que cette qualification était consacrée, et qu'elle figurait dans tous les actes personnels aux gentilshommes, comme faisant partie quasi intégrante de leur nom. Aussi prit-elle un caractère légal qui servit à désigner les *véritables* gentilshommes ayant droit de porter *armoiries timbrées du heaume*, ou casque d'écuyer, et devint-elle un élément essentiel des formules qui fixaient l'état nobiliaire. Un arrêt du parlement de Paris du 30 octobre 1554 avait proclamé le titre d'écuyer « *caractéristique* de la noblesse jusqu'à preuve du contraire. » C'était faire passer dans le droit le vieil adage : « Tout noble naît écuyer et peut devenir chevalier, » et les formules légales ne firent qu'appliquer le principe.

J'ai sous la main, au moment où je trace ces lignes, une ordonnance de maintenue de noblesse du 19 décembre 1697 (époque de la recherche sévère des usurpateurs, ordonnée par Louis XIV, à l'instigation du grand Colbert). Eh bien ! voici ce que je lis à la fin de cette pièce, où sont rapportés tous les titres et contrats produits par les impétrants : « Et tout considéré, nous, intendant, etc... avons maintenu et gardé lesdits sieurs Jacques de C.... *escuyer*, sieur dudit lieu et des G., et ledit sieur François de C... *escuyer*, sieur de B., père et fils, en la qualité de NOBLES ET D'ESCUYERS, et en conséquence ordonnons, etc. »

S'il se fût agi d'une condamnation contre des usurpateurs, la pièce eût porté défense de se dire à l'avenir « *nobles et escuyers*. »

Est-ce clair? est-il évident que ces deux mots étaient deux expressions qui marchaient toujours *ensemble* dans le langage légal d'autrefois, et qu'on n'oubliait jamais d'accoupler, parce qu'ils emportaient *caractère* en faveur de celui qui avait droit de s'en servir pour se qualifier?

Donc, si vous êtes de noblesse ancienne, Monsieur, si vos aïeux, dans les actes où ils figurent (et *cela est*, le contraire n'est pas possible), ont été qualifiés du titre d'écuyer, vous avez le droit incontestable de prendre ce titre. En vain votre père ne l'aurait pas porté, ce droit, quoiqu'à l'état *latent*, ce droit *imprescriptible* vous a été transmis, comme il le serait pour un titre légalement constitué de baron ou de comte.

Donc, encore une fois, le lendemain du jour où on aura dépouillé votre nom de *l'apparence* que l'usage lui avait donnée (et qu'une politique sage aurait dû lui conserver), revêtez-le de la *réalité*, et... laissez faire....

Agréez, etc.

NEUVIÈME LETTRE

Où l'on verra comment c'est aujourd'hui un devoir rigoureux de faire rectifier tous les actes de l'état civil empreints d'un laisser-aller dangereux.

NEUVIÈME LETTRE

Où l'on verra comment c'est aujourd'hui un devoir rigoureux de faire rectifier tous les actes de l'état civil empreints d'un laisser-aller dangereux.

A M. de L. T.

Mon cher Monsieur,

En attendant que je puisse vous voir et conférer avec vous sur les points d'*archéologie moderne* que vous vous proposez de soumettre « à l'inspecteur des monuments historiques de la Vienne, » permettez-moi de répondre au sujet de la dernière partie de votre lettre, qui n'a rien de commun avec son commencement.

Vous me traitez en *maître Jacques*, et j'agis de même : c'est donc maintenant « l'éplucheur de la loi du 28 mai 1858 » qui va prendre la parole, et vous dire ce qu'il pense dans son entière et sincère conviction.

Votre nom, véritable *nom terrien* pourtant, appartient à la catégorie, très-restreinte du reste, de ceux qui n'ont jamais été précédés d'autre chose que des prénoms (noms de baptême) de vos auteurs. Les plus anciens titres et documents historiques (XIIe siècle) compulsés par nous pour la rédaction de l'article qui figure au tome II du *Dictionnaire des familles de l'ancien Poitou,* constatent ce fait. Les personnages de votre nom s'appelaient alors *Johannes* ou *Hugo de T.....*, ce qui ne peut se traduire en français que par ces mots écrits ainsi : *de la T.....* Sous peine donc d'adopter ou de consacrer ce que, dans une de mes précédentes lettres, j'appelle une orthographe *déraisonnable*, on devra faire droit à la demande que vous voulez introduire, et qui tendrait à séparer en *trois* parties le nom, qu'un défaut d'attention et des causes très-faciles à expliquer au tribunal, ont fait écrire à tort en *une seule.*

Votre aïeul figure dans les actes avec la véritable, avec la seule raisonnable orthographe de son nom ; il a *signé de même* l'acte de naissance de votre père ; une légère variante existe seulement dans le corps de l'acte. Quant aux actes qui ont suivi, ils se rapportent à une époque où il était sage de mutiler *soi-même* les noms affligés d'une tête aristocratique ; puis la véritable orthographe a été reprise sous une température politique moins inclémente. Nul ne saurait invoquer contre vous ni cette prudence commandée par la loi d'abord, et ensuite par l'instinct naturel de la conservation, — il ne s'agissait ni plus ni moins que de cela, — ni *même* l'habitude (cette seconde nature), que gardèrent nos pères, après la tourmente révolutionnaire, de signer comme ils avaient signé dans leur jeunesse. Chez plusieurs, il y avait encore dans cette persistance à ne pas varier sur ce point, eux qu'on appelait ironiquement *les rentrants à la bouillotte,* une répugnance honorable dont les cœurs bien placés doivent comprendre la noble fierté, et qu'on ne saurait opposer à leurs enfants.

Le tribunal de M.... comprendra bien certainement toutes ces noblesses-là ; il est digne d'en apprécier les infinies délicatesses, et il les appréciera.

Y avait-il, en 1789, droit acquis à votre père de porter un nom écrit de *telle sorte ?* ce nom se composait-il alors *légitimement* de *telles syllabes*, combinées de *telle façon ?* Voilà les questions que se posera le tribunal, et il répondra bien assurément par l'affirmative. Puis, quand il aura « constaté, » selon l'expression même du garde des sceaux dans sa circulaire du 22 novembre 1859, « l'état légal de votre famille, il le reconstituera et vous le rendra intact. »

Le tribunal comprendra de plus le sentiment honorable qui nous pousse *tous* à provoquer aujourd'hui les nombreuses rectifications dont la juridiction ordinaire est saisie dans tout l'empire; ce sentiment, le voici :

Avant la loi du **28** mai 1858, nous n'attachions généralement que fort peu d'importance à ces choses-là, et cela était tout naturel. Satisfaits d'une notoriété qui mettait chacun à sa place, certains du reste que nul ne nous contesterait le droit d'écrire, quand cela nous semblerait bon, et partout où il nous conviendrait de le trouver bon, nos noms de la façon qui mettrait le fait d'accord avec la reconnaissance publique de ce fait, nous nous inquiétions peu de la combinaison de syllabes et de l'espace entre chacune d'elles qu'il plairait à tel ou tel scribe officiel de coucher sur son papier timbré, et... nous agissions en conséquence [1]. Mais aujourd'hui, il

[1] Qui oserait nier que la plupart des actes de l'état civil, les actes de naissances et de décès surtout, aient été souvent rédigés sur des déclarations émanées de tiers peu intéressés à faire consacrer une orthographe *sacramentelle* dont ils devaient avoir encore moins de souci que ceux qui leur confiaient ainsi trop facilement le soin de si graves intérêts. On a eu tort assurément de se laisser aller à pareille faute, mais ce tort ne saurait entraîner les fâcheuses conséquences qu'une rigueur *inéquitable* en ferait découler.

Et puis, disons-le bien haut, quelles garanties sérieuses offrent donc eux-mêmes les rédacteurs officiels dans la plupart des cas? Quand on a pu lire, comme je l'ai fait, et cela sur un registre de *chef-lieu d'arrondissement,* et à la date de l'an de grâce 1835, qu'un tel est décédé fils de M. N., ancien capitaine de cavalerie *à cheval*, on a droit, il me semble, d'être assez sceptique en ces matières et de ne pas accepter comme bien orthodoxes les formules émanées de plumes de cette force-là? et une plume de chef-lieu d'arrondissement n'est-elle pas des meilleures?...

n'en saurait plus être ainsi ; aujourd'hui, on poursuit de par une loi, et de par une loi correctionnelle, « *quiconque, sans droit et en vue de s'attribuer une distinction honorifique, aura publiquement... changé, altéré ou modifié le nom que lui assignent les actes de l'état civil.* » Il y a donc *aujourd'hui*, pour *nous tous*, nécessité de faire reviser *tous* les actes empreints d'un laisser-aller qui aurait l'inconvénient de nous constituer, en apparence, dans un état flagrant d'usurpation condamnable, et (ceci est plus grave) qui pourrait être opposé plus tard à nos enfants. Sous ce dernier point de vue, ce qui naguère n'était qu'un *droit*, dont on pouvait sans danger user ou ne pas user à sa guise, s'élève aujourd'hui jusqu'aux proportions d'un *grand devoir*, que l'on ne peut se dispenser de remplir dans toute sa rigueur.

Les tribunaux, mon cher Monsieur, comprendront cela, et ils ne traiteront pas avec le dédain de quelques niais ces questions graves, qui touchent à ce qu'il y a de plus saintement noble au cœur de l'homme.

Aussi je prendrais en grande pitié les esprits étroits qui enterreraient sous la lourde pierre de la forme et des raisons d'incompétence les demandes de ce genre, et qui, sous je ne sais quels prétextes de subtilités montées sur la pointe d'une aiguille, voudraient attribuer à des juridictions extraordinaires l'examen de ces questions-là

Heureusement, la jurisprudence ne me paraît pas devoir suivre partout ces errements dangereux, et les monuments que j'en connais consacrent sur ce point ce que je regarde comme constituant les vrais principes en ces matières délicates [1].

[1] Elle établit carrément (il me semble) que la demande tendant au rétablissement de la particule nobiliaire dans les actes où elle aurait été omise, constitue une simple demande en rectification d'acte de l'état civil de la compétence des tribunaux ordinaires, et que ce n'est pas là une demande en reconnaissance de noblesse qui rentrerait exclusivement dans

Les tribunaux ont compris que, du moment où, sans les charger de prononcer sur les droits d'un particulier à une distinction honorifique, la loi leur enjoignait cependant de punir celui qui, sans droit, *altérait* son nom, dans le but de s'attribuer cette distinction ils avaient mission aussi de corriger les altérations involontaires et souvent forcées qu'auraient subies les actes relatifs aux noms des personnes ayant droit à ces distinctions honorifiques, et cela était de la logique élémentaire [1].

Il ne nous reste plus, à vous et à moi, qu'une chose à souhaiter : c'est que ces principes aient une base d'application assez large pour s'étendre, sans distinction, à tous les droits que l'équité seule aura placés sous son égide sainte.

Agréez, etc.

les pouvoirs du souverain. — (Agen, 28 décembre 1857. — Pau, 15 novembre 1858. — Limoges, 20 décembre 1858. — Dijon, 23 mars 1859. — Bordeaux, 29 août 1859.

[1] C'est ce qu'a fait, et il a bien fait, le tribunal de Poitiers dans l'affaire P. de L. B., quand il a ordonné, non-seulement la rectification des treize actes concernant la personnalité des deux exposants, mais encore celle de l'acte de naissance de leur père *né avant la révolution*, acte dans lequel on signalait un manque d'énonciation que le tribunal, sans doute en présence de *l'ensemble des actes constatant l'état de la famille*, a regardé comme résultant d'une simple erreur de l'officier de l'état civil.

Je ne veux pas citer ce jugement sans rappeler en même temps la sage application qu'il a faite d'un principe destiné à faciliter les rectifications qu'exigeraient des actes d'état civil disséminés dans plusieurs arrondissements. Le tribunal a jugé en effet « que, bien qu'en principe la demande en rectification d'actes de l'état civil doive être portée devant le tribunal dans l'arrondissement duquel ces actes ont été dressés, néanmoins le tribunal régulièrement saisi de la demande de rectification d'une partie de ces actes peut, par suite de la connexité, et pour éviter une contrariété de jugement, statuer sur la demande de rectification des actes reçus hors de son arrondissement, lorsque cette dernière rectification est la conséquence naturelle de la première. »

DIXIÈME LETTRE

Où l'on verra l'examen de quelques points de droit ancien et moderne.

DIXIÈME LETTRE.

Où l'on verra l'examen de quelques points de droit ancien et moderne.

A M. A. P.

Professeur à la Faculté de droit de P.

Monsieur *et ancien maître*,

J'apprends à l'instant qu'un de nos confrères en archéologie vous a chargé de présenter devant la cour les moyens qu'il doit invoquer en faveur de la confirmation du jugement qu'il a obtenu des premiers juges dans une question de rectification d'actes de l'état civil; soyez assez indulgent pour accueillir les quelques notes que je vous soumets, non pas comme *Gros-Jean* voulant en remontrer à son curé, mais bien à titre de réflexions dont quelques-unes, vous le verrez, rentrent un peu dans nos attributions archéologiques.

Et d'abord devisons une bonne fois ensemble sur les fameuses dispositions légales de l'ancien droit qu'on invoque aujourd'hui dans nos questions d'état civil.

On a souvent cité une ordonnance de Henri III, donnée à Amboise le 26 mars 1555, et dont le texte serait ceci : « Pour éviter les suppositions de noms ou des armes, défenses sont faites à » toutes personnes de changer leurs noms et leurs armes, sans » avoir obtenu des lettres de dispenses et permission, à peine de

» 1,000 livres d'amende, d'être punies comme faussaires et d'être » exautorées et privées de tous degrés et priviléges de noblesse. »

Des auteurs graves ont contesté l'existence même de cette ordonnance, ou tout au moins son enregistrement, et des autorités fort compétentes affirment qu'il n'en était pas tenu compte comme d'une loi de l'État. (*V.* Merlin.)

Je suis porté à tenir cette dernière opinion pour la seule vraie, quand je vois la cour de cassation établir, dans un arrêt du 15 décembre 1845, « qu'il est constant qu'on pouvait, sous l'ancienne législation, ajouter *sans autorisation* du roi à son nom patronymique le nom du fief que l'on avait acquis. (Aff. de Falletans; *V.* Dalloz, 1846-60.)

Mais voici qui me paraît plus concluant encore.

En feuilletant mon vieux Loyseau, j'ai trouvé ceci au n° 50 du chapitre XI-XII : « Sous prétexte que les gentilshommes de France ont pris vn tiltre d'honneur de leurs Seigneuries (chose que ny les Grecs ny les Romains n'ont fait, comme l'on a dit ailleurs), ils se sont tant pleu à ce tiltre, qu'on ne les cognoist plus par autre nom; et eux-mesmes en leurs missiues n'en signent point d'autre : voire la plus-part le prennent ès contracts publics, et ès actes de Ivstice, laissant tout à fait le nom de leurs pères et ancestres, pour prendre celuy de leurs titres; ivsques-là, qu'aucuns prennent à mespris quand on les appelle du nom de leurs pères... »

L'indignation du docte auteur s'étend sur ce mépris fort longuement et avec beaucoup d'énergie, et il en signale les inconvénients au point de vue religieux, au point de vue historique et au point de vue de l'intérêt même des familles. Or, Loyseau imprimait son traité des *Ordres* en 1614; est-il supposable qu'il eût négligé de mentionner à côté de la sainte Écriture qui condamnait cette injure faite au nom paternel, les dispositions pénales de la loi civile promulguée à moins d'un demi-siècle de là, si cette loi eût été non pas en vigueur, mais seulement connue de lui, et pourrait-on m'expliquer comment Loyseau, qui savait tant de choses, pouvait ignorer celle-là?

Je conclus du silence de mon auteur qu'on a eu raison de formuler des doutes sérieux sur cette ordonnance de 1555, et je la tiens, sinon pour apocryphe, du moins pour mort-née. Elle aura été tuée en naissant par l'opposition des parlements et par les mœurs, plus puissantes encore que les parlements. Et, en effet, voyez un peu : si la citation empruntée à Loyseau prouve le blâme infligé aux nobles du XVIe siècle, elle prouve du moins aussi le fait. Or, un fait déjà existant à cette époque, et se produisant avec le caractère de ténacité triomphante qui lui a toujours été propre, avant et depuis, est, il me semble, une chose qui ne doit pas être tenue pour non avenue, car à tous les beaux discours bardés de citations des raisonneurs, cette chose répond par cet argument irréfutable : « Je suis. »

D'ailleurs faudrait-il fouiller bien profondément l'arsenal de nos lois modernes pour y trouver des armes rongées de rouille *sans avoir jamais servi,* et que la main du ministère public n'oserait saisir aujourd'hui pour frapper dans le vide des coups impuissants? Votre science, Monsieur, sait bien le contraire.

Quant à l'ordonnance de 1629, qui défendit de prendre dans les actes les noms des seigneuries, à peine de nullité, elle n'interdisait point par là même le droit d'ajouter ces noms au nom patronymique, mais, selon la jurisprudence constante, elle exigeait que l'un ne figurât jamais sans l'autre, et le nom patronymique devait précéder le nom de la seigneurie. Voilà le vrai, si je ne me trompe; mais si cela est le vrai, le contraire est le faux, m'est avis.

Tirez-en la conclusion, si tant est que ces monuments de la législation ancienne soient censés encore debout en présence de nos mœurs et de nos institutions d'aujourd'hui, ce qui me semblerait une question préjudicielle à poser et à résoudre, et il est digne de vous d'en saisir sérieusement la cour.

Mais, puisque notre vieux Loyseau nous en fournit l'occasion, allons donc au fond des choses, et examinons le *pourquoi* du prix que depuis des siècles déjà on attache à la *particule;* peut-être arriverons-nous à saisir sa véritable filiation et à expliquer le caractère *hybride* de cette *usurpatrice légitimée.*

Avant l'ordonnance de 1579, la législation française conférait la noblesse à la tierce foi au roturier acquéreur *d'un fonds noble,* et comme tel assujetti au service militaire. Sous l'empire de ce principe, le DE, quand il se rapportait à une *terre noble,* à un domaine tenu *en chevalerie,* comme disent les Anglais, était en effet un indice légal de noblesse, de même que, joint à une possession roturière, ou, suivant l'expression anglaise, *en villainage,* ce qui ne devait avoir lieu presque jamais, il ne produisait aucun résultat.

Mais voici que l'ordonnance de 1579, renversant ces principes antérieurs, édicte qu'à l'avenir la possession d'une terre noble, *même titrée,* ne conférerait plus la noblesse à la tierce foi. Cette disposition nouvelle, on le voit, sépare le lien féodal et le lien nobiliaire; il y aura donc désormais ligne de démarcation bien tranchée entre l'un et l'autre... Oui, dans la loi, mais dans les mœurs c'est autre chose... En effet, qu'arrive-t-il? L'opinion publique, après l'ordonnance de 1579, reste sous l'influence de l'*idée antérieure,* et elle continue, — cela est trop naturel pour n'être pas compris, — elle s'obstine à voir dans le DE une véritable ENSEIGNE de noblesse. Et c'est ce qui explique l'empressement que mettaient déjà les *porte-espée* du temps de Loyseau à renforcer leur nom patronymique de cette addition qui, vous le voyez, Monsieur, avait bien alors son prix.

Le reste va de soi; les mœurs, les habitudes ont constamment protesté *depuis* contre tout ce qui tendait à ravir à ces signes la valeur qu'elles s'obstinaient à leur donner, jusqu'au jour où la loi du 28 mai 1858, condamnant l'*usurpation* de ces signes comme un *délit,* leur a imposé enfin, — nier cette conclusion forcée n'est pas possible, — la signification légale que, dans la plupart des cas, on ne devra plus leur contester.

Que pensez-vous encore de ceci?

Passons maintenant du droit ancien au droit moderne.

J'ai sous les yeux, au moment où je vous écris, la circulaire du 22 novembre 1859 de M. Delangle, ministre de la justice[1].—M. le garde des sceaux y formule assez nettement ses intentions et le sens qu'il attribue à la loi du 28 mai 1858; cependant, malgré le soin qu'il prend de tracer de grandes lignes de démarcation entre la juridiction ordinaire et la juridiction gracieuse; il y aura toujours des espèces dont les nuances seront telles, que le juge hésitera certainement, comme il a déjà hésité. En pareil cas, M. P. de L. B., dans l'affaire que j'ai citée (lettre IXe), en a fait l'épreuve, et, comme toujours, un peu à ses dépens. — La juridiction ordinaire ne se croyant pas compétente, il dut recourir au conseil du sceau des titres; mais, après un premier examen, le justiciable dut être renvoyé à ses juges naturels, lesquels alors prononcèrent, comme je l'ai dit, un jugement que je tiens pour l'un des plus sages.

Mais cette circulaire contient un passage important, et sur lequel je prends la liberté de fixer votre attention, dans l'intérêt de notre honorable confrère, votre client.

Voici ce passage :

« Vous comprenez, Monsieur le procureur général, combien il importe de ne pas laisser se former une jurisprudence dont l'effet inévitable serait de *paralyser l'action* de la loi. Ne souffrez pas que, par des procédures obscurément suivies, et qui, selon les lieux et les personnes, pourraient rencontrer un trop facile accueil, les *compétences soient déplacées*. Que vos substituts reçoivent l'ordre formel de surveiller toute instance paraissant avoir pour objet une *rectification d'actes de l'état civil*, et qu'ils s'assurent,

[1] *Voir* cette circulaire, page 19.

d'après les *distinctions* ci-dessus exprimées, si ce n'est pas une *enseigne trompeuse*, et le moyen d'éluder la loi. Le ministère public est, dans les *questions de rectification*, le *contradicteur* naturel des parties qui réclament. C'est une mission qu'il doit remplir avec autant de fermeté que de vigilance.

» Le *gouvernement n'entend pas* que l'exécution de l'article 259 du Code pénal *porte le trouble* dans les *familles;* mais il ne veut pas davantage que des ruses de procédure en détruisent l'effet.

» Je vous prie de me tenir au courant de *toutes* les affaires de ce genre qui se présenteront, et de me faire connaître celles qui ont déjà reçu solution, afin que j'avise aux moyens de *venger la loi* des atteintes qu'elle a pu recevoir. »

Qu'entend M. le garde des sceaux par ces mots : « le ministère public est, dans les *questions de rectification*, le *contradicteur* naturel des parties qui réclament, » mots rapprochés de ceux-ci : « faites-moi connaitre les affaires qui ont déjà reçu solution, afin que j'avise aux moyens de *venger la loi* des atteintes qu'elle a pu recevoir? »

On y a lu, je le sais, que le ministère public avait le droit (droit nouveau, disent quelques-uns), d'interjeter appel à la cour des décisions rendues par les premiers juges dans ces matières réglementées jusqu'ici d'une façon complétement antipathique à ce droit si étendu. — Est-ce là une saine interprétation de la loi d'abord, de la circulaire ensuite? Telle est la question bien grave qu'en quelques mots seulement je veux soumettre à votre science.

Avant la loi de 1858, comment se passaient les choses en ces matières? Le demandeur en rectification d'actes de l'état civil adressait tout simplement au tribunal sa demande par requête d'avoué; le président ordonnait le communiqué au ministère public et le rapport, et, sur ce rapport, le tribunal, *après avoir entendu le ministère public dans ses conclusions*, admettait ou rejetait, avec ces conclusions, la demande qui lui était soumise.

A-t-on jamais prétendu jusqu'ici que, dans ces cas-là, le ministère public eût une *action* comme *partie principale,* et qu'il fût autre chose que simple *partie jointe*, avec les attributs restreints à ce rôle secondaire de *surveillant* au procès? Je ne le pense pas, et on a toujours tenu pour certain que le bénéfice d'un jugement acquis en ces matières aux parties, et qui *n'est opposable qu'à elles* (art. 100, C. N.), constituait un droit contre lequel il n'y avait pas, de la part du ministère public, intervention directe possible.

M. Delangle est trop habile et trop savant jurisconsulte pour avoir entendu autrement ces mots : *contradicteur naturel,* dont il décore, sans doute avec ce sens, le seul légal, l'organe du ministère public.

Et en effet, la loi de 1858 a-t-elle changé la nature de son rôle en ces matières? Qui oserait le prétendre? Cette loi a confié au ministère public, pour punir les usurpateurs de titres ou de noms affectant les attributions d'une *distinction honorifique,* des armes nouvelles pour un délit nouveau; mais elle n'a nullement, que je sache, bouleversé le système de la procédure civile qui a fonctionné depuis la promulgation du code et en présence même de l'ancien art. 259 C. P., et qui ne pourrait cesser de recevoir son application d'autrefois qu'en vertu d'une disposition formellement abrogatoire qu'on chercherait en vain dans l'œuvre des législateurs de 1858. Or, on ne perdra pas de vue que, dans tout ceci, il s'agit de *droit étroit*... Que signifie donc le paragraphe de la circulaire rapporté ci-dessus, sinon le droit *exceptionnel*, *extraordinaire*, *exorbitant*, soigneusement renfermé par la loi elle-même (et avec raison) dans la sphère la plus élevée, droit *personnel* au seul ministre de la justice, et qui consiste à mettre en mouvement le procureur général près la cour suprême pour faire requérir la *cassation* d'un jugement ou d'un arrêt CONTRAIRE A LA LOI... mais sans toucher en rien, sans nuire aux intérêts des parties *seules en action, seules litigieuses*, et qui, comme telles, doivent seules *bénéficier* du jugement ou de l'arrêt rendu en leur faveur?

Voilà, Monsieur, si je ne me trompe, le sens de la circulaire; voilà comment M. Delangle entend sans doute *venger la loi;* et ceux qui ont donné à sa pensée une extension qu'elle ne saurait recevoir ont fait involontairement une confusion regrettable entre le droit *d'appel ordinaire,* dévolu aux *parties en cause,* et le droit *extra-ordinaire,* que j'appellerai de *pourvoi platonique,* attribué au ministère public dans l'intérêt de la loi, et de la loi seule.

Avant de vous soumettre cette note, Monsieur et digne maître, mon humble inhabitude des affaires a voulu s'assurer si elle était digne de fixer votre attention dans le sens de la rédaction que je lui avais donnée. Eh bien! voici que, sur l'exposé qui leur en a été fait par un de vos anciens élèves, deux des jurisconsultes qui font autorité dans la capitale « se sont étonnés qu'on pût supposer une » question dans le point qui leur était soumis. Suivant eux, un juriste » sérieux n'oserait énoncer, dans l'état de notre législation actuelle, » l'opinion que le ministère public fût autorisé à appeler d'un » jugement rendu en matière de rectification d'actes de l'état civil, » sur la *requête* d'un intéressé, avec ou sans contradicteur, et ils » sont prêts à sanctionner de leur signature ces principes élémen- » taires de notre droit français. »

En présence de pareilles déclarations, accusant une conviction bien profonde, que doit-on conclure? que le ministère public sera désarmé? Assurément non. Ne lui reste-t-il pas le droit de se faire entendre, dans ces affaires délicates, avec l'autorité de sa parole; le droit, assurément plus efficace, de saisir, *nonobstant le jugement de rectification lui-même* [1], et par *action directe,* la juridiction correctionnelle des faits *constituant* le délit créé par la loi de

[1] Le ministère public, ne figurant au procès que comme partie jointe, et n'étant pas dès lors réellement partie au procès qui aboutit à la rectification, je suis conséquent avec moi-même en lui attribuant le droit d'agir *nonobstant* ce jugement, qui est en réalité pour lui *res inter alios acta.*—Art. 100, C. N.

1858; le droit enfin de *venger la loi,* si elle est violée, par le moyen héroïque de la *cassation*? Voilà le droit, droit strict, il est vrai; mais nous sommes dans le droit strict, si je ne me trompe, à moins qu'on n'ait aussi « changé tout cela. »

En dehors de ce, Monsieur, il n'y aurait que bouleversement des principes du passé, sans qu'une disposition législative ait édicté cette révolution radicale, sans que rien, dans l'élaboration de la loi spéciale de 1858, contînt le germe d'une pensée qui pût seulement l'autoriser.

Il appartient à votre science, Monsieur, de donner à ces quelques lignes tout ce qui leur manque, et d'assurer le succès des idées, *orthodoxes* à mon sens, qu'elles prêchent avec trop peu d'autorité.

Agréez.

ONZIÈME LETTRE

Où l'on verra l'utilité du droit d'appel.

ONZIÈME LETTRE

Où l'on verra l'utilité du droit d'appel.

A M. N...

MONSIEUR,

Vous m'avez demandé si, en présence du jugement de S. A. qui, vous a-t-on dit, était appliqué à une espèce identique à celle de l'affaire de M..., je pensais qu'il fût convenable de faire appel. Je réponds d'abord que les deux affaires ne me semblent pas identiques ; j'ajoute que, dans ces matières, il faut faire appel et recourir à cette voie protectrice des grands intérêts.

Mes motifs, je vais vous les dire carrément ; la franchise ne saurait être accusée d'être autre chose que de la franchise chez qui elle ne doit et ne peut être que cela, et je défie ceux-là même qui estimeraient que j'ai tort d'être aussi franc, je les défie, dis-je, de m'assurer *par serment* qu'ils ne sont pas *au fond* complétement de mon avis.

Mes motifs pour conseiller l'appel sont donc ceux-ci :

1°. La loi n'a établi les divers degrés de juridiction qu'en vue apparemment de s'assurer une plus grande garantie de *bien jugé*. La loi se serait trompée étrangement, si cette *raison* de son existence même n'était qu'une simple *présomption*, condamnée par la *réalité* des faits. Il y a donc, en *thèse générale*, des avantages proposés par la loi elle-même, dans la voie d'appel.

2° Dans le *cas particulier* dont il s'agit, les avantages généraux deviennent une garantie spéciale que je regarde comme indispensable, et qui n'a même pas été étrangère aux principes auxquels l'institution de l'appel a dû naissance; il y a plus: si j'avais l'honneur d'être juge du premier degré, me rappelant ce mot profond d'un grand homme de l'antiquité: « La femme de César ne doit pas même être soupçonnée, » je souhaiterais du fond du cœur que *toujours* mes jugements *en ces matières* fussent soumis à l'appréciation du juge d'appel. Mes décisions puiseraient dans cette appréciation supérieure une sanction que j'aimerais à leur voir revêtir quand il s'agirait d'un point aussi délicat.

Je m'explique : est-il vrai en effet, Monsieur, que la nature de ces affaires les produira *toujours* dans le milieu qui aura vu dans son sein, ou à peu de distance, naître et vivre souvent la partie elle-même, toujours ses parents, ses amis? — Est-il vrai que dans la vie, la vie des petites villes surtout, *nul* ne saurait éviter les froissements imperceptibles à l'œil nu, mais continuels pourtant, que mille causes font naître, presque *à cunabulis* (et ce sont là souvent les plus irrémissibles), du contact journalier de l'homme avec l'homme (ce mot est pris ici surtout dans son sens générique)? Est-il vrai que ces froissements engendrent malheureusement trop souvent à leur tour ces misères que l'on prend en grande pitié quand on les mesure *de loin* à leur véritable taille, mais qui sont de *grandes choses* dans l'étroite enceinte de deux petits murs d'octroi?

Est-il vrai que, sans renouveler les scènes fratricides des Etéocle et des Polynice de l'antique Grèce, les *petites villes* brillent *surtout* en un point qui ne permettra jamais de les proposer comme le modèle le plus parfait de la fraternité chrétienne, — encore moins, hélas! de la fraternité politique?

Est-il vrai qu'à leur insu, sans le vouloir, sans y prendre garde, les hommes les plus sages, les plus calmes, les plus sûrs d'eux-mêmes, ne peuvent pas ne point prêter l'oreille à ces mille bruits légers, furtifs d'abord, qui circulent, se croisent, puis s'enflent, grandissent, et, répétés chaque jour et à chaque heure du jour, et sur tous les tons de la gamme de charité, finissent par produire l'effet de la goutte d'eau creusant le roc le plus dur? Est-il vrai que tout ce qui se dit là n'est pas toujours la vérité, et que si le prochain n'y est pas épargné, c'est surtout le prochain dont on voit mieux les imperfections, parce que ce prochain-là est *plus en vue*, parce qu'il possède en *quoi que ce soit* ce que ne possèdent pas tous ses prochains et, quelquefois même, ce que ses prochains aimeraient à posséder *seuls?* Est-il vrai que, chez nous, beaucoup de gens imbus de préjugés sucés avec le lait, trompés eux-mêmes sur leurs vrais sentiments, confondent trop souvent l'amour de l'égalité avec la haine de la supériorité? Est-il vrai que d'autres *égalitaires*, en voyant s'élever devant eux la barrière du 28 mai 1858, ne seraient pas fâchés d'y *faire un trou* par où l'on pût faire repasser ceux qui seraient déjà de l'autre côté de la barrière? Est-il vrai enfin que toutes ces choses, toutes ces misères humaines,— qu'il faut prendre comme elles sont, pour ce qu'elles sont et seront toujours, parce que l'homme est et sera toujours l'homme,— est-il vrai, dis-je, que toutes ces misères constituent, composent un *air ambiant* que doivent absorber *nécessairement* tous les poumons, même les plus réfractaires, et aux effets duquel les plus robustes constitutions pourront être au moins accusées, et cela suffit, d'avoir eu peine à résister ?

Si cela est vrai, — et je défie qu'on puisse le nier, — si cela est vrai surtout dans les petites villes, où la parenté, la camaraderie, l'amitié — la simple amitié du monde — forment des liens si puissants et, disons le mot, des coteries si exclusives, des haines même si ardentes et si vivaces, j'affirme que cela y est plus fâcheux, plus dangereux qu'ailleurs, à raison du contrôle plus facile de chacun sur chacun, et de la pression que ce contrôle même exercera nécessairement, de toutes les forces de son irrésistible action, sur les meilleures, sur les plus honnêtes natures.

Donc, Monsieur, vous le voyez bien, la loi a eu cent fois raison d'ouvrir la voie d'appel.

Mais, me direz-vous, ces motifs s'appliquant à toutes choses, faut-il donc en tout cas tirer les conclusions que vous tirez? Je réponds d'abord OUI; et j'ajoute :

Vous êtes plus âgé que moi, Monsieur; vous avez donc trop vécu déjà pour ne pas savoir que le monde *est ceci.*

Autour de vous comme autour de moi, il y a des hommes; ce sont des *amis*, — les uns chauds, sincères, c'est le très-petit nombre; les autres froids et faux; — des *obligés;* assez peu de reconnaissants, beaucoup d'ingrats; — des ennemis ou seulement des adversaires; la masse se compose ensuite d'indifférents sans bienveillance et sans répulsion accentuées.

Or, vous et moi nous pourrions confier, je le crois sincèrement, notre fortune et notre tête à cet ENSEMBLE d'hommes, et ils ne feraient de nous ni un nouveau Job ni un nouveau St Denis; mais tenez pour très-certain que si nous mettions notre peau à la merci d'une piqûre d'épingle, nous serions infailliblement piqués... Voilà, Monsieur, voilà le monde..., le monde des petites villes surtout..

En sortant de ce *milieu* composé d'éléments divers, où la bienveillance, trop accentuée peut-être, des amis, provoquera toujours, en vertu de certaine loi naturelle connue, une résistance plus énergique encore, vous aurez chance de trouver ailleurs, et plus loin, — et plus ce sera loin, plus votre chance grandira, — ce calme de l'air que n'agite pas le souffle des cancans, cette limpidité des eaux que ne trouble pas le limon des coteries jalouses.

C'est, Monsieur, ce que la loi a entendu mettre à votre disposition en vous ouvrant la voie d'appel, c'est donc une garantie légale dont vous devez user sans scrupule et sans crainte.

Agréez, etc.

DOUZIÈME LETTRE

Où l'on verra bien des choses qui méritent réflexion.

DOUZIÈME LETTRE

Où l'on verra bien des choses qui méritent réflexion.

A M. DU M.
Rapporteur de la loi du 28 mai 1858.

MONSIEUR,

Au milieu des préoccupations sérieuses que me causent, je l'avoue, l'interprétation donnée à la loi du 28 mai 1858, et l'étude à laquelle je me livre depuis quelque temps au sujet de cette loi, je cherchais ce matin dans ma mémoire le nom d'un homme en position de m'entendre et de se faire entendre à son tour.

Or, au même instant, je tenais dans mes mains votre remarquable rapport sur cette loi, ce rapport où, sans avoir l'honneur de vous connaître, j'ai lu ce que vous êtes, un esprit élevé, un cœur droit, un honnête homme, et aussitôt j'ai songé à vous écrire, et... je vous écris.

Vous ne vous méprendrez pas, Monsieur, sur les intentions qui ont dicté cette lettre; j'ai voulu vous dire à vous, homme sérieux, des choses sérieuses que votre honnêteté accueillera et que votre position particulière dans cette question grave vous permettra peut-être de redire *utilement* à votre tour: tel est mon but; je n'en ai pas, je ne saurais en avoir d'autre.

Il n'est pas possible au surplus, Monsieur, qu'au souvenir de la part que vous avez prise à la loi du 28 mai 1858 et à son adoption, contestée, vous le savez, par des craintes que la loyauté de vos paroles eut bientôt dissipées, vous puissiez me savoir mauvais gré d'une franchise dont vous êtes digne.

Après avoir lu les pièces que je vous adresse, vous comprendrez, outre les motifs qui me guident, l'émotion vraie dont je ne puis me défendre.

Je dois vous dire tout d'abord, cela est nécessaire [1], que je ne suis pas *personnellement* intéressé dans toutes ces choses. Mes pères n'ont jamais eu la prétention d'être plus qu'ils n'étaient, mais ils ont voulu, et j'ai suivi leur exemple, rester cela et *tout cela*. Je n'ai point à demander à MM. du conseil du sceau de vouloir bien *rafraîchir* pour moi un titre avarié de comte ou de baron, et j'ajouterai, en parenthèse, que si j'eusse pris et porté ce titre avec *la conscience* en mon *for intérieur* du droit de le prendre et de le porter, je ne consentirais *jamais* à le retremper dans cette eau de Jouvence; cela me coûterait trop cher. De plus, mon nom est de ceux, assez rares aujourd'hui, il paraît, qui ne redoutent pas la jurisprudence la plus *rasante*, et à moins qu'on n'en vienne [2] à cette chose, plus radicale encore que les interprétations de la loi du 28 mai 1858, qui coupait le cou aux gens en même temps qu'à leur nom, le mien gardera sa tête, cette tête que j'ai voulu lui conserver en 1849, au risque de repousser des suffrages qu'il eût fallu acheter au prix de ce que je tenais pour *lâcheté*.

[1] Ce qui était nécessaire vis-à-vis de mon honorable correspondant ne l'est pas moins vis-à-vis de mes lecteurs. Il ne s'agit pas là d'une sotte et puérile vanité, mais bien de prévoir et d'arrêter cette objection malheureuse qui a trop souvent, hélas! le facile mérite de répondre aux arguments sans réplique : « Vous êtes orfévre, monsieur Josse. » — Oui, je suis orfévre, c'est vrai, mais je ne redoute pas le *contrôle*; les *pièces* de ma boutique sont toutes *au titre légal* et de *bon aloi*.

[2] Inutile de faire observer que j'entends parler ici du régime terrible, — dont Dieu nous épargnera le retour, je l'espère, — qui *coupait* les têtes et les noms.

Donc, Monsieur, si je vous écris, donc si je suis ému, c'est pour des intérêts qui ne sont miens qu'à raison de cette solidarité morale qu'un galant homme ne doit jamais répudier.

Et maintenant entrons en matière :

J'entends dire que partout ailleurs on remue, comme cela se fait autour de nous, ces questions si délicates, si graves dans leurs conséquences, et qu'on poussera aux extrêmes, de par la logique française, qui, elle aussi, a sa *furia* bien connue.

S'il en était ainsi, cette agitation ne serait plus seulement, comme on l'avait cru d'abord, le résultat de quelques fuites de ce gaz classé dans la chimie politique sous le nom de zèle; elle ne pourrait plus être que l'effet d'instructions générales qu'il faudrait regretter, si elles n'avaient été mal comprises.

Quoi qu'il en soit, ce qu'il y a de certain, c'est que l'extension donnée à la loi de 1858 par quelques interprètes semble lui imprimer dès à présent un caractère tout opposé à celui qu'elle devait avoir, d'après vos solennelles paroles, et elle deviendra bientôt, si cette jurisprudence s'établit, un instrument redoutable.

On ne dira donc plus d'elle alors, comme, il y a quelques semaines, en voyant cette recrudescence d'investigations désobligeantes coïncider avec les vives préoccupations du monde politique et religieux, on pouvait le dire encore : « c'est toujours la » vieille histoire de la queue du chien d'Alcibiade; » non, l'on sera malheureusement autorisé à y voir tout autre chose.

Et permettez-moi, Monsieur, une réflexion à ce sujet. L'application de cette loi si bénigne dans l'intention de ses auteurs, si menaçante aujourd'hui pour les droits qu'elle semblait devoir garantir et fixer, est un singulier exemple de ce que valent les déclarations les plus solennelles du législateur, une fois qu'il a livré son texte, devenu cadavre, au scalpel des docteurs en anatomie; et ce serait un sujet d'études sérieuses que celui de savoir quelles transformations successives des lois anciennes ont subies sous les influences opposées des principes tour à tour vainqueurs et vaincus, ou seulement pour les besoins passagers de la politique du jour, au grand dommage du *droit,* auquel on finit par ne plus croire. Mais laissons de côté cette étude sérieuse qui nous entraînerait trop loin, et revenons au *terre à terre* de notre question.

Si donc, et cela ne vous paraîtra pas douteux, à vous surtout, Monsieur, si donc la loi du 28 mai 1858 n'est déjà plus, de par certains monuments judiciaires que nous connaissons, celle que votaient, il y a vingt mois à peine, vos collègues du Corps législatif, comme elle va nous livrer bientôt des *faits accomplis* (ce *criterium* aujourd'hui du droit nouveau), nous appuyant sur ces faits, qu'ils soient ou non la traduction fidèle de votre pensée et de votre volonté, nous serons autorisés à les prendre pour tels et à raisonner en conséquence.

Or, ces faits accomplis devant être bientôt ceux-ci : la noblesse *ancienne* EFFACÉE par la défense qu'on lui aura faite de *manifester* son existence à l'aide des *signes extérieurs* qui *seuls,* d'après votre propre pensée officielle, la *manifestent utilement aujourd'hui* [1], nous serons autorisés, Monsieur, à formuler cette question embarrassante :

Si vous avez voulu cela, pourquoi l'avez-vous voulu ?

Les allures de la vieille noblesse française, de tout temps (lisez l'histoire) un peu roide et frondeuse, aujourd'hui comme autrefois, réfractaire à certaines compositions vulgaires ; ses alliances déjà séculaires avec la grande bourgeoisie propriétaire et indépendante, tout cela porterait-il ombrage ? ou bien serait-ce que les blasons

[1] Il est clair que si la loi de 1858 s'applique sur une vaste échelle, comme l'indiquent les tendances que je blâme, un très-grand nombre de membres de l'*ancienne noblesse* verront enlever à leurs noms *roturiérisés* par le fait, les traces d'origine noble dont la coutume, que l'on paraît condamner, avait eu raison de les revêtir à la place des qualifications féodales abrogées.

des aînés de la société, sobres de meubles et ternis par le temps, feraient briller d'un trop vif éclat le luxe trop richement pauvre de leurs frères plus jeunes, qui, restés seuls désormais, n'auraient plus à redouter une dangereuse comparaison ?

Et pourtant, Monsieur, quand nos vieux rois (et je vous remercie de les en avoir noblement loués), en remontant sur leur trône séculaire, signaient la charte de réconciliation du présent avec le passé, n'associaient-ils pas aux services rendus à leurs ancêtres et à eux-mêmes ceux que leurs loyaux adversaires de la veille avaient rendus en dehors de la royauté et souvent *contre elle ?* [1]. Est-ce que vous voudriez payer cette générosité chevaleresque et toute française en étouffant sous les dossiers judiciaires de la police correctionnelle, ou plus sourdement encore sous le misérable formulisme d'une rectification d'actes de l'état civil, ceux qui naguère vous avaient tendu une main loyale d'abord, et depuis franchement unie à la vôtre pour le service de la patrie commune?... Ce serait grave, cela, Monsieur, et on ne l'a tenté que dans des jours bien mauvais... Mais nous ne sommes pas dans ces temps-là, que je sache, et on nous accordera bien sans doute que notre pays puisse avoir la prétention d'être né à la religion, à la civilisation, à la gloire, avant 1860, et même quelque peu avant 1804. Eh bien, Monsieur, nous sommes nés avec le pays, et quelques services, je crois,

[1] Tout le monde connaît l'article 71 de la charte de 1814 : « La noblesse » *ancienne* reprend ses titres; la *nouvelle conserve* les siens. » Mais ce que peu de personnes savent assurément, et il est bon de le dire, parce que cela est caractéristique de la politique large et nationale de nos rois, c'est que Louis XVIII, en mettant la décoration de la *Légion-d'Honneur*, malgré les souvenirs d'antagonisme tout récent qu'elle rappelait, sur le même pied que la *croix de St-Louis*, décréta formellement que, « dans le cas où l'aïeul, le fils et le petit-fils auraient été successivement décorés, le dernier acquerrait *de droit la noblesse héréditaire*, à la seule condition des justifications exigées par l'ordonnance du 8 octobre 1814. »

nous donnent le droit d'avoir la prétention, qu'on voudra bien ne pas trouver trop ambitieuse, de vivre autant que lui.

Que pense votre loyauté d'honnête homme de tout cela, Monsieur? Mais poursuivons et examinons ensemble quels reproches graves autorisent ces déplorables tendances et quelles singulières réflexions elles provoquent naturellement en nous.

A l'époque de triste mémoire dont je parlais tout à l'heure, quand il s'agissait de nous persécuter, de nous ruiner, de nous tuer même, on n'éplucha point nos titres, on nous trouva *toujours nobles;* mais, quand il s'agit de nous laisser jouir, à côté de concitoyens dont nous ne sommes pas jaloux, de ce qui, sous un ordre régulier, s'attachera toujours, quoi qu'on puisse dire ou faire, à d'honorables noms gage d'honnêteté héréditaire, on nous chicanera sur tout, on nous disputera tout, jusqu'aux signes qui seuls aujourd'hui rappellent quelque chose d'un passé dont il ne reste plus que la gloire. Est-ce qu'un honnête homme chargé de nous juger en pareil cas ne doit pas y regarder à deux fois avant de prêter ses mains à ces mutilations [1]?

Et voyez, Monsieur, ce qu'elle entraînera nécessairement, cette mutilation-là... Les *vrais* gentilshommes auxquels elle aura ravi *l'apparence* de leur *véritable* état social, en reprendront la *réalité*: Ils ajouteront à leur nom patronymique, redevenu *roturier* aux

[1] On aura beau invoquer des intentions, que je ne veux même pas suspecter, il restera toujours ce fait réel que la loi de 1858, appliquée comme d'aucuns l'appliquent, engendre nécessairement, fatalement la suppression, *dans un très-grand nombre de cas*, des traces nobiliaires empreintes sur les noms des vrais nobles, et par suite l'effacement de la seule chose utile aujourd'hui que la noblesse n'est plus qu'*une distinction honorifique*, c'est-à-dire du signe *manifestant le droit à cette distinction*... Cette conséquence grave m'autorise donc à me placer au point de vue duquel j'envisage ce qui se fait, et à le raisonner en conséquence.

yeux du peuple *dérouté* [1], la qualification d'autrefois, que les nobles *seuls* avaient le droit de prendre, et que les principes proclamés par la loi du 28 mai 1858 elle-même nous donnent incontestablement le droit d'exhumer d'une poussière où la bonne politique conseillait de la laisser dormir. Cette opération légale aura pour résultat d'établir une ligne de démarcation *infranchissable*, là où il était sage de laisser régner une confusion qui n'avait rien que d'honorable pour ceux qui en profitaient tous les premiers, et plus que nous.

Ce résultat forcé, que votre haute intelligence saisira bien, et que votre honnêteté ne saurait nous contester le droit de poursuivre, parce qu'il est légal, était-il désirable dans notre temps, dans nos mœurs? Non, et je le déplore sincèrement, quoique des premiers, le premier peut-être, j'aie donné le conseil de répondre ainsi à des tendances imprudentes.

Mais à qui la faute?

On nous dit, je le sais bien : laissez faire la magistrature, laissez-la interpréter à sa façon, et selon sa coutume, des actes et des faits qui sont, après tout, de son domaine, résoudre des questions dont elle est juge; si elle se trompe, vous aurez toujours un recours possible, d'abord à la juridiction du conseil du sceau des titres, et en fin de compte à la juridiction gracieuse.

Je ne voudrais pas assurément vous exprimer une pensée qui pût être regardée comme injurieuse à ce qui doit être (mes principes mêmes vous sont un gage de ma sincérité) entouré du respect de tous; mais je ne puis cependant vous cacher que si la *juridiction ordinaire* offre des inconvénients graves dans ces matières complexes, où, trop souvent, la *forme* emportera nécessairement le

[1] On sait le mot de Mirabeau aux journalistes de l'Assemblée constituante : « Avec votre *Riquetti*, vous avez dérouté l'Europe pendant trois » jours. »

fond, celle du conseil du sceau des titres, quelle que soit la composition de ce conseil, et en dehors de toute question de personnes, provoquera toujours les défiances qui s'attacheront toujours en France aux juridictions de ce genre[1].

Quant à la juridiction *gracieuse*, l'épithète même qui caractérise son essence exprime assez clairement une idée qui empêchera bien souvent de recourir à elle.

Ce mot de *grâce* a quelque chose en effet qui sonne mal à certaines oreilles et pour certains faits.

Je m'explique :

Est-ce qu'un galant homme qui aura succombé dans ce qu'on appelle le *droit*, devant les épreuves judiciaires, malgré des prétentions justifiées en *équité*, à se dire et à signer ce qu'il est réellement, légitimement, n'y regardera pas à deux fois avant de signer la requête qui l'exposera d'abord aux apostilles secrètes, et puis ensuite à cette insinuation désobligeante, plus fâcheuse encore, si c'est possible, « qu'il était bien malade, puisqu'il a dû recourir à » un remède héroïque, sans doute destiné à faire vivre ceux qui » devraient mourir? »

Assurément, un galant homme dira ce que je dirais, ce que vous diriez vous-même, Monsieur, si on vous conseillait, en pareil cas, de tenter cette voie périlleuse :

« Justice, justice, mais pas de grâce.....

Agréez, etc.

[1] Pour qu'il ne reste aucun nuage sur ma pensée, je me hâte de faire remarquer que j'entends ne faire allusion qu'à ceci : « la juridiction est exceptionnelle et simplement consultative. »

TREIZIÈME LETTRE

Où l'on verra quels sont les devoirs raisonnables que la loi du 28 juin 1858 semble imposer aux officiers publics, et particulièrement aux notaires.

TREIZIÈME LETTRE

Où l'on verra quels sont les devoirs raisonnables que la loi du 28 juin 1858 semble imposer aux officiers publics, et particulièrement aux notaires.

A M....... *notaire* à

MON CHER *ancien condisciple*, AUJOURD'HUI MON CHER *maître*,

Il vous souvient sans doute de la belle passe d'armes dont nous fûmes, ces jours derniers, les héros en pleine place publique du..... et à laquelle le cher procureur N... prit part en sa qualité de *maître* aussi.

Je sortais alors de chez votre confrère N... où pareille question s'était débattue avec son clerc N... et sous les mêmes conclusions. Il s'agissait de la loi du 28 mai 1858 et des obligations « quelque peu vagues, » disions-nous, que les circulaires ministérielles et procuratoriales imposaient à *la gent tabellionaire*.

Vous n'avez pas oublié qu'après un examen sérieux qui établit ceci : que la loi nouvelle offrait, en ce qui vous concerne, et à l'égard de vos clients, des difficultés pratiques d'un *caractère fort délicat*, nous tombâmes d'accord sur les points suivants :

1° La loi du 25 ventôse an XI doit être toujours entendue en ce sens que le notaire devra être *certain de l'identité* des individus, afin d'éviter la *supposition de personne* qui pourrait vicier radicalement un acte au préjudice des parties. Ce devoir impérieux rigoureusement rempli, la *bonne foi sur le reste* doit mettre complétement à couvert sa responsabilité vis-à-vis de la vindicte publique.

2° Même solution, s'il m'en souvient bien, en ce qui touche la *matérialité* des noms, pourvu qu'ils établissent, malgré leur altération, *l'identité* des personnes.

3° L'article 17 de la loi de ventôse nous parut complétement en dehors des cas prévus par la loi de 1858, la défense faite par la loi d'énoncer, à l'avenir, dans les actes *aucuns* titres de noblesse (alors tous abolis), n'ayant aucun rapport avec une disposition qui, au contraire, les eût fait revivre, s'ils n'avaient été ressuscités avant elle, et n'a pas pu cependant rendre un simple notaire juge souverain, par le fait, du bien fondé des qualifications qu'une partie voudrait prendre, à ses risques et périls, dans un acte authentique.

4° Enfin la loi du 28 mai 1858 elle-même, n'édictant pas, comme les lois révolutionnaires, des dispositions pénales contre les officiers publics rédacteurs des actes où se trouveraient monumentées des usurpations de distinctions honorifiques, il n'y aurait pas lieu, en thèse générale, de leur appliquer la pénalité qui frappe le délit *créé* par la loi nouvelle.

5° Mais, s'il y avait une complicité *patente* dans un fait d'usurpation consommée avec intention évidente de fraude *notoire*; le scandale de la complicité ne permettrait-il pas d'appliquer les principes généraux sur la complicité en matière de délit?

Sur ce point grave, nos conclusions n'ont pas été aussi accentuées dans un sens formel, tout en inclinant à penser qu'en certaines circonstances, un vice essentiel peut et doit rendre délictueux ce qui ne le serait pas en principe et *de plano*.

Nous avons été, par exemple, spontanément unanimes, *una voce dicentes*, sur ceci :

Dorénavant, les officiers publics doivent agir avec prudence et réserve sur ces points difficiles ; mais, s'ils doivent être prudents, ils ne doivent pas être *inquisiteurs désobligeants*, encore moins s'ériger en juges directs ou indirects de questions aussi délicates, à l'égard desquelles, du reste, en ce qui les concerne, une notoriété certaine et acceptée par les habitudes de tous devra toujours les mettre fort à l'aise. C'est ainsi seulement qu'ils pourront concilier les égards de *courtoisie* dus à leurs clients avec un *devoir d'état* dont ceux-ci, à défaut d'une initiative spontanée qui serait de meilleur goût, comprendront toujours, du moins à *demi-mot*, qu'ils doivent eux-mêmes rendre l'accomplissement facile.

J'estime, par exemple, et vous serez de mon avis, je l'espère, que les officiers publics doivent établir une différence bien tranchée entre l'acte dont le caractère *solennel et personnel* aux parties pourrait en faire plus tard la base d'une prétention à faire valoir, et l'acte d'importance secondaire et non personnel aux parties, et dans lequel la signature figure *accessoirement* et comme par *accident*.

La raison de cette distinction importante me paraît telle, qu'il ne saurait être besoin de la développer, pas plus que les conséquences auxquelles elle doit aboutir dans la pratique.

Vous m'avez paru, *cher maître*, tellement nager avec moi dans ces eaux calmes et sûres, que je ne puis résister à la tentation de vous narrer une petite histoire (historique) assez récente, et dans laquelle un de vos honorables collègues joue un rôle que, m'est avis, votre juste appréciation des choses ne vous eût pas soufflé.

Il n'y a pas longtemps, un brave gentilhomme, de ceux dont on disait autrefois « noble comme le roi, » fut prié par un sien ex-métayer de vouloir bien lui *faire l'honneur* d'assister à sa noce et d'être témoin dans l'acte solennel du mariage.

M. de..., *pas fier du tout*, comme on dit encore, accepta la double invitation, et, pour faciliter la future rédaction de l'acte officiel, il remit au paysan un petit papier indiquant sa demeure et ses nom et prénoms, écrits tels qu'il a coutume de les écrire, et tels que ses pères les écrivent depuis quelque chose comme près de huit siècles, — pas plus que cela.

Au jour fixé pour la *grande affaire*, M. de..., fidèle au rendez-vous, en habit de gala et ganté de frais, arrive par le train de 8 h. à la station de..., où il trouve le brave paysan, dont la figure quelque peu soucieuse accusait un embarras inaccoutumé vis-à-vis de son ancien maître. Il y avait une cause à ce nuage malencontreusement jeté sur le ciel d'un si beau jour. Cette cause, balbutiée avec toutes les précautions oratoires dont la rhétorique rurale pourrait assurément fournir des modèles aux quarante immortels eux-mêmes, était celle-ci :

La *particule* du nom de M. de... avait provoqué les scrupules excessifs de l'officier public, lequel, en présence des fulminantes instructions de M. le procureur impérial, ne pensait pas pouvoir accepter l'orthographe du futur témoin comme bonne et valable, si ledit futur témoin ne justifiait pas *préalablement* de l'authenticité d'*icelle*. Or, comme il y avait cent à parier contre un que M. de... n'aurait point apporté dans la poche de son habit noir les titres établissant, avec son *identité*, l'authenticité de l'orthographe de son nom, il avait paru plus simple et plus sûr, pour éviter des ratures et surcharges, de... choisir un autre témoin. « Ce qui avait été fait à » mon grand regret, » ajoutait le paysan; « mais j'espère bien que » Monsieur notre maître ne s'en fâchera pas, et qu'il voudra bien » rester à la noce tout de même. »

M. de... sourit d'un certain air,—vous eussiez souri de même, avouez-le, tout notaire que vous êtes; —mais comme ce n'était ni le lieu ni le jour de faire une sotte esclandre, il accepta sans protestation aucune la décision préjudicielle de l'officier public, se réservant toutefois, *in petto*, de ne plus s'exposer dans l'avenir à se voir aussi *sommairement* privé de ses droits civils. Depuis lors, il a dû faire emplette d'un petit meuble militaire, de modèle bien connu, sans lequel il ne veut plus parcourir la moindre *étape civile*, afin de pouvoir répondre à toute réquisition en montrant *ses papiers*, que dans ce but il m'a chargé de mettre en ordre.

Voilà, mon cher tabellion, vous l'avouerez vous-même, l'exagération des choses, l'exagération qui dépasse toujours le but, au lieu de l'atteindre. Votre collègue, vis-à-vis d'un nom notoirement connu de lui pour être celui d'un homme du pays, pouvait en tout cas, à l'égard d'un simple témoin instrumentaire, se contenter de la certitude parfaite qu'il avait de l'*identité* de la personne et de la *matérialité d'ensemble* de son nom, sans crainte d'avoir maille à partir ni avec la loi de ventôse an XI, ni même avec celle du 28 mai 1858. N'est-ce pas votre avis? Oui, assurément, si cet avis, comme je n'en doute pas, vous paraît conforme aux principes que notre humble judiciaire proclamait naguère comme *seuls* capables de concilier vos *devoirs* réels avec les *égards* dus à vos clients.

Agréez, etc.

PREMIER POST-SCRIPTUM.

J'entends parler autour de moi d'instructions, de circulaires qui vont embarrasser étrangement les officiers ministériels, sans compter nos maires de campagne, qui n'avaient certes pas besoin de cela...

En ce qui vous touche, Messieurs les notaires, je ne saurais, je le répète, admettre que la loi du 28 mai 1858 ait pu aggraver si fortement votre responsabilité, ni augmenter outre mesure l'étendue de vos devoirs.

Cette loi vous associé-t-elle à la mise à exécution des prescriptions qu'elle édicte ? Oui, assurément, mais nullement dans le sens que paraissent indiquer les circulaires.

Celles-ci semblent vous imposer un rôle *actif*, un rôle *d'initiative agissante*, tandis que la loi ne faisait de vous qu'un *instrument* passif, destiné à constater le délit qu'elle prévoit et punit, et même à lui donner le caractère délictueux seul punissable. Et comment? en rendant les actes que vous rédigez dépositaires du fait que le caractère de publicité qu'il reçoit de votre ministère officiel fera *punissable*.

Voilà votre rôle, le seul vrai, le seul convenable, et franchement, quelque bonne volonté que vous eussiez, — et je ne redoute pas cette bonne volonté-là, — d'en étendre sur ce point les limites, je ne vois pas trop, mon cher camarade, ce que vous répondriez à un client qui vous parlerait en ces termes : « Monsieur, je m'appelle » ainsi; mon nom s'écrit de telle sorte, et vous n'avez nulle qualité pour me contester le droit de l'écrire de cette sorte-là. — Bornez-vous, s'il vous plaît, à le coucher sur votre papier timbré avec » le *facies* que j'exige que vous lui donniez, et laissez à M. le procureur impérial le soin de me poursuivre, si cela lui paraît convenable, pour un fait dont votre plume même va constater la » culpabilité, s'il est coupable, mais que vous n'avez point le » droit de contrôler d'une façon préjudicielle, parce qu'au fond » ce serait vous rendre juge de ce que vous n'avez pas mission » de juger. »

Vous vous inclineriez devant une articulation aussi nette et aussi légale, et vous feriez bien.

Je comprendrais assurément qu'un procureur impérial imposât aux officiers publics l'obligation de le prévenir [1] de tous les faits, à la rigueur relatifs à l'exécution de la loi de 1858, qui pourraient donner lieu de sa part à l'exercice du droit de répression dont il est investi; mais exiger d'eux qu'ils fassent une sorte d'enquête préalable sur les noms des parties, et qu'ils se refusent même, le cas échéant, à la consommation d'un acte important, sous prétexte

[1] Je n'entends pas par là (Dieu m'en garde!) une sorte d'odieuse dénonciation, mais l'obligation d'indiquer, au fur et à mesure de leur consommation, *tous* les actes portant un caractère qui autorisât le ministère public à y rechercher un corps de délit possible.

que le besoin d'une certitude plus complète commanderait un plus ample informé, c'est en réalité imposer aux officiers publics, d'abord le plus désobligeant des rôles, et les constituer ensuite véritables juges (et juges très-sommaires et très-incompétents) de faits et de questions qui ne sont aucunement de leur domaine.

Ne vous semble-t-il pas que les pères de la loi de 1858, en voyant tout ce qu'on a trouvé dans les plis des langes du nouveau-né, doivent se frotter les yeux et se demander en se tâtant :

Avons-nous bien sérieusement voulu tout cela ?

C'est qu'en effet mon cher camarade, ils n'ont pas voulu tout cela ; ils n'ont pas voulu faire de vous des d'Hozier officiels, ils n'ont pas voulu vous charger de la recherche des usurpateurs de titres ou de distinctions honorifiques ; ils ont fait de vous tout simplement les *instrumenta* du corps du délit qu'ils ont voulu punir. Voilà ce qu'ils ont voulu, cela, tout cela, mais rien que cela. Ceux qui veulent que vous soyez autre chose se laissent aller à une pente dangereuse.

A vous donc, mon cher camarade, l'obligation de conscience d'avertir charitablement vos clients que vous n'êtes plus l'instrument pacifique d'autrefois, que votre plume, naguère si inoffensive, contient aujourd'hui, dans les caprices de ses *pleins* et de ses *déliés*, des germes de paix ou de guerre; mais cette paix ou cette guerre, ce n'est pas à vous à l'octroyer ou à la faire.

A chacun son rôle, c'est déjà beaucoup, —et vous en avez fait l'expérience; — que le vôtre, si restreint qu'il soit, ait revêtu le caractère qui lui est imposé; laissez le reste à qui du moins y trouvera des compensations auxquelles vous ne sauriez prétendre.

DEUXIÈME POST-SCRIPTUM.

MON CHER CAMARADE,

J'ai réfléchi sérieusement à ce que vous me disiez hier soir, et, revenu de mon premier étonnement, j'ai voulu me rendre compte des *étapes* qu'on a dû parcourir, à la *façon des écrevisses*, pour arriver à vouloir vous faire, en l'an de grâce 1860, une application de la loi révolutionnaire du 6 fructidor an II. Et voici le résultat de mes recherches :

Savez-vous à quel propos et pourquoi les législateurs de l'an II se sont occupés des noms, de leur altération et des moyens de l'empêcher? Non, sans doute... Eh bien, le *Moniteur* à la main, je vais vous le dire.

En l'an II (1794), les vrais, les purs républicains, qui avaient cuvé le premier sang de leur sauvage orgie, ne voulaient pas que leurs oreilles pudibondes fussent plus longtemps scandalisées par ces noms glorieux de la noble antiquité, prostitués à des usages et à des natures ignobles; dans leur zèle, — très-louable assurément, ils eussent souhaité que ceux-là seuls se fussent appelés *Socrate* et *Brutus* qui eussent pratiqué les vertus de ces grands hommes, et qui, au besoin, eussent bu la ciguë pour la défense de la vérité, et immolé de leurs propres mains leurs fils sur l'autel de la patrie...

Ces paroles sont à peu près le texte développé par les orateurs entendus lors de la discussion de cette fameuse loi de l'an II, qui aboutit, en fin de compte, à faire punir d'emprisonnement et d'amende quiconque portait un nom ou un prénom autres que ceux exprimés dans son acte de naissance, ou quiconque ajoutait un *surnom* à son nom propre.

Puis, comme les législateurs de ce temps-là n'y allaient pas de main morte, la loi, en comprenant dans son texte les officiers publics chargés de la rédaction des actes où pouvaient figurer ces noms, etc., etc., appliquait aux contrevenants quelques-unes des gracieusetés dont on était alors si prodigue : *destitution, incapacité de remplir des fonctions publiques, amende du quart du revenu*, etc.

Et c'est là ce qu'on voudrait exhumer d'une tombe, muette depuis bien longtemps, pour vous en faire une application mitigée ! En vérité, c'est à n'y pas croire, surtout quand on examine quelque peu sérieusement la différence des principes et des temps.

La loi de l'an II veut qu'on porte le nom indiqué dans *l'acte de naissance.*

La loi de 1858 n'entend pas les choses ainsi, puisqu'elle a reconnu que; l'acte de naissance pouvant être inexact, il fallait s'en référer *aux actes qui constatent l'état de la famille.*

La loi de l'an II voulait tuer cette manie révolutionnaire qui avait fait d'une portion de la famille française un tas de singes grecs et romains, n'ayant des Grecs et des Romains les plus illustres que leurs noms prostitués.

La loi de 1858 a voulu tuer la manie assez peu révolutionnaire qui a fait d'un grand nombre de Français des singes aussi, mais singes pas du tout grecs ni romains, n'altérant que des noms fort peu historiques...

La loi de l'an II punissait le fait seul, le *fait matériel* du changement ou de l'addition de nom, qui suffisait pour constituer le délit.

La loi de 1858 n'atteint pas le *fait matériel seulement,* elle ne punit ce fait que lorsqu'il a été consommé *en vue de s'attribuer une distinction honorifique;* et si on se reporte à la discussion de la loi, on acquiert la certitude que nos législateurs tiennent pour complétement innocent le fait d'un changement ou d'une altération de nom qui n'a pas le caractère d'une attribution de distinction honorifique [1].

Enfin, après avoir tenté toutes les combinaisons imaginables pour empêcher toute *altération de nom* en général, le législateur

[1] *V.* le texte du rapport de M. du Miral, § 14.

de 1858 a constaté lui-même qu'il n'avait pu ***aboutir qu'à l'impuissance***[1].

Se fût-il donné tant de mal si, dans sa pensée, le texte de la loi de l'an II eût contenu la *panacée* qu'on prétend y trouver aujourd'hui?

Il suffit de poser cette question pour prouver que, dans la pensée du législateur de 1858, la loi de l'an II n'était pas applicable à nos temps; s'il n'en était pas ainsi, il faudrait désormais laisser aux bagages les formes surannées du raisonnement antique, et s'incliner respectueusement et sans plus mot dire devant les docteurs qui auraient *changé tout cela*...

Et alors, cher tabellion, il faudrait bien aussi vous résigner à vous voir, le cas échéant, « destitué, privé de tout droit à remplir » des fonctions publiques, et condamné à une amende égale au » quart de votre revenu. »

Agréez, etc.

[1] *V.* le texte du rapport de M. du Miral, § 13.

QUATORZIÈME LETTRE

Où l'on verra l'examen des questions principales qui se rattachent au conseil du sceau des titres.

QUATORZIÈME LETTRE

Où l'on verra l'examen des questions principales qui se rattachent au conseil du sceau des titres.

Vous me posez, Monsieur, diverses questions au sujet du décret du 8 janvier 1859 qui a rétabli le conseil du sceau des titres, et vous souhaitez, dites-vous, d'être éclairé sur ses conséquences en ce qui vous touche.

Permettez qu'avant de vous répondre, je vous cite le *texte même* du document officiel, où du moins de ses parties essentielles.

. . . .

(*V.* ce texte plus haut, p. 15.)

Ce décret était précédé du rapport dont voici quelques extraits :

« Sire, en rétablissant les dispositions pénales contre ceux qui usurpent des titres et qui s'attribuent sans droit des qualifications honorifiques, la loi du 28 mai 1858 a rendu aux titres *légitimement acquis* leur importance réelle et leurs droits au respect public. Dans un pays et sous un régime où le plus humble citoyen peut arriver par sa valeur personnelle aux plus hautes situations, la loi doit protéger ouvertement tout ce qui représente le prix du mérite et l'honneur des familles. La véritable et intelligente égalité consiste, non pas à proscrire les distinctions, mais à en permettre l'accès à tous ceux qui s'élèvent par le courage, par la dignité de la conduite ou par l'éclat des services. La loi nouvelle doit recevoir une exécution sérieuse, *mais éclairée*. V. M. a voulu mettre un terme aux *abus*, atteindre *la fraude* et *le charlatanisme*, ramener l'ordre dans l'état civil, rendre enfin aux distinctions publiques le caractère et le prestige qui n'appartiennent qu'à *la vérité;* mais elle n'a pas entendu porter *atteinte* à des *droits acquis,* ni *inquiéter des possessions légitimes* qui ne demandent que les moyens de se faire reconnaître et régulariser. Les questions qui se rattachent à la transmission des titres dans les familles, à la vérification des qualifications contestées, à la confirmation ou à la reconnaissance des *titres anciens,* à la collation, s'il y a lieu, de titres nouveaux, sont *nombreuses* et *délicates.* Il importe qu'aucune garantie d'examen et de lumières ne manque à leur solution. — J'ai l'honneur, etc. »

« Dans quel ordre, dans quelles limites, à quelles conditions le titre du père assurera-t-il un titre à son fils?... Pour les *temps antérieurs à 1789,* à défaut d'un acte régulier de collation, de reconnaissance ou d'autorisation, dont *la production n'est pas toujours possible,* n'y aura-t-il pas lieu d'attribuer au conseil du sceau la faculté d'étendre le cercle des preuves, et d'admettre, selon les circonstances, comme justification du droit au titre ou au nom soumis à la vérification, une *possession constatée* par des actes de fonctionnaires publics ou par des documents historiques?... »

Et maintenant, Monsieur, vous le voyez : aux termes de l'art. 6 du décret du 8 janvier 1859, le conseil du sceau « délibère et » donne son avis : 1° sur les demandes en *collation, confirma-* » *tion* et *reconnaissance* de titres, que l'Empereur aura renvoyées » à son examen; 2° sur les demandes en *vérification* de titres, » etc. »

En ce qui concerne les demandes en *collation, confirmation* et *reconnaissance*, pas de difficulté, Monsieur; on demande un titre *nouveau,* ou bien qu'un titre *ancien* soit *confirmé* ou *reconnu;* la demande est accueillie ou rejetée, et, dans ce cas, *l'avis* (car ce n'est qu'un avis), l'avis du conseil du sceau ne fera loi que lorsqu'il se sera métamorphosé en un acte du souverain. Je pense que la *vérification* des titres n'entraînerait pas un acte aussi solennel de l'autorité; mais je dois vous faire remarquer cependant que l'infinie délicatesse des nuances entre ce qui constituera la *reconnaissance* ou la simple *vérification* des titres rendra quelquefois difficiles, même en théorie, une distinction très-nette, et, dans la *pratique*, l'application des conséquences de cette distinction essentielle.

Vous désirez encore, mon cher Monsieur, savoir comment et par qui doivent être instruites les demandes? Les demandes portées devant le conseil du sceau des titres sont instruites par le ministère des référendaires au sceau, qui remplissent devant cette juridiction spéciale un rôle équivalent à celui des avocats chargés de défendre les intérêts des parties devant le Conseil d'Etat. Il y a jusqu'à ce jour douze titulaires auxquels on peut s'adresser indistinctement, et qu'il sera toujours prudent de consulter sur la valeur de ses titres avant d'introduire sa demande.

On vous a dit, Monsieur, que le *conseil du sceau* rejetterait tous les *titres* en faveur desquels on ne pourrait pas représenter l'acte originaire de l'autorité publique qui les aurait constitués au profit des titulaires. Cela ne peut pas être..... Reportez-vous aux termes mêmes du rapport adressé à l'Empereur, lorsque le garde des sceaux a proposé à sa sanction le décret du 8 janvier 1859 ; vous y lirez cette déclaration solennellement formelle :
« Pour les temps *antérieurs à 1789*, à défaut d'un acte régulier de
» collation, de reconnaissance ou d'autorisation, *dont la produc-*
» *tion n'est pas toujours possible*, n'y aura-t-il pas lieu d'at-
» tribuer au conseil du sceau la faculté d'*étendre le cercle des*
» *preuves* et d'admettre, selon les circonstances, comme justifica-
» tive du droit au titre ou au nom soumis à la vérification, une
» *possession* constatée par des actes de fonctionnaires publics ou
» par des documents historiques? »

Cette faculté, le conseil doit en avoir usé; autrement il eût péché contre l'équité et la raison.—En effet, s'il ne se contentait pas d'une *possession* séculaire, par exemple, justifiée par des actes authentiques et sûrs, et s'il ne confirmait que sur le vu des titres *constitutifs* mêmes émanés de l'autorité suprême, il n'y aurait pas DIX CAS SUR MILLE (et je suis peut-être au-dessous du vrai) où le conseil pût donner des conclusions favorables.

Je voudrais bien savoir quel procureur impérial voudrait prendre vis-à-vis de moi l'engagement de me produire, là ou là, dans un recueil quelconque, officiel ou non, TOUS les actes officiels émanés de la puissance publique depuis cinquante ans seulement?... Eh bien! ce qu'un représentant de l'autorité, fût-il antiquaire bibliomane et collectionneur émérite, ne pourrait tenter pour ce demi-siècle (siècle d'écritures et de bureaucratie bien tenues) à l'égard des actes, même *solennels,* de l'autorité, comment exigerait-on qu'un simple particulier, après les bouleversements éprouvés, après les révolutions essuyées, après les meurtres, les pillages, les *auto-da-fé* des inquisiteurs patriotes, et les incendies des Omar de l'égalité, pût être tenu, sous peine de forclusion, de le faire, et à l'égard de quoi? A l'égard d'une feuille légère que tant de périls politiques ont entourée, sans compter les causes toutes naturelles de son anéantissement, qui n'a pas laissé de traces dans les publications officielles, si rares alors, où d'ailleurs elle ne pouvait trouver place, à raison de sa nature et de l'intérêt de second ordre qui s'attachait à elle. Non, encore une fois, je le répète, cela n'est pas possible, cela n'est pas; et si vous avez, Monsieur, dans vos mains des actes sérieux et respectables, ils devront être respectés [1].

[1] Au moment où cette lettre, de date déjà assez ancienne, repasse sous mes yeux, je tiens dans mes mains un billet à caractère quasi-officiel, où je lis ces mots : « Les décisions que je connais sont plutôt indul- » gentes que trop sévères... » Laquelle de ces deux épithètes la loyauté de mon correspondant appliquera-t-elle à la décision dont on verra la mention au deuxième jugement, cité à la fin de cette brochure?

Vous me demandez encore, Monsieur, quels sont les droits de sceau et sur quelles bases ils s'établissent.

Pour les *collations* de titres nouveaux, le tarif est celui-ci : titres de baron, 4,000 fr.; de vicomte, 5,000 fr.; de comte ou de marquis, 7,500 fr.; de duc, 18,000 fr.

Dans certaines circonstances, le titulaire obtient remise totale ou partielle des droits de sceau. Vous avez vu que le conseil du sceau des titres, en vertu de l'article 6, § 3, du décret du 8 janvier 1859, est consulté sur ces demandes.

Quant aux titres anciens qu'il s'agit de faire confirmer, il semble que l'on adopte généralement la règle suivante : lorsque des documents produits il résulte qu'une perception de droit a eu lieu lors de la *collation primitive,* il n'est réclamé aujourd'hui que le *quart* du tarif actuel; si, au contraire, la perception originaire n'a pas eu lieu, le droit *entier* est exigé d'après le tarif en vigueur.

J'admets sans hésitation cette dernière façon d'appliquer le principe fiscal de la loi, pourvu que la base de cette application soit large, et que vis-à-vis de titulaires en possession séculaire reconnue incontestable, comme c'est le cas, on se contente d'indications probantes, *bonâ fide,* en faveur desquelles plaide assurément leur possession.

Quant à ce qui touche les titulaires justifiant qu'à l'origine il y a eu payement du droit fiscal, je ne comprends plus la nouvelle perception de ce droit, même réduit au quart du tarif en vigueur ! !

Pourquoi, en effet, cette perception pour la simple *constatation* d'un droit *préexistant* au décret constitutif du conseil du sceau et des tarifs modernes eux-mêmes, droit pour lequel l'impétrant a jadis (on le constate) acquitté déjà une première fois la finance?

Je comprendrais, en pareil cas, la perception d'un simple droit très-modéré, comme il convient toujours pour couvrir les frais exigés par la constatation du titre; mais je me révolte contre l'idée d'une taxe onéreuse qu'une contestation à la légère peut vous imposer aujourd'hui, et qu'un motif sans fondements plus sérieux peut vous réimposer demain.

Il y a, si je ne me trompe, dans l'exagération de ce chiffre, non-seulement une atteinte au principe protecteur de la non-rétroactivité, mais encore un caractère plus fâcheux, si c'est possible; cela sent la *machine à battre monnaie.*

Or, si l'on rapproche cette idée de ce fait que de nos jours beaucoup des plus véritablement *riches* en titres avec *preuves à l'appui* sont des plus indigents, de ce qu'il faudrait pour payer le prix du *rafraîchissement* de ces preuves, on arrive à une conclusion qui n'est pas en faveur de ce qui se pratique.

Il y a bien le palliatif des demandes en *remise totale ou partielle des droits de sceau,* mais je plaindrais sincèrement celu qui ne comprendrait pas la noblesse de certaines fiertés...

Mêmes observations en ce qui touche au point que voici :

Un père de famille demande l'autorisation de faire revivre un nom honorable. Il lui faudra payer, outre le droit personnel, un droit multiplié par le nombre de ses enfants. Or, comme c'est précisément encore aux plus *riches* en pareils *titulaires* que la Providence a fort souvent départi moins de *richesses* pour payer les *titres,* il arrive que le nom *honorable* ne pourra pas revivre... à défaut de la finance qui le ressusciterait. J'en sais des exemples regrettables. Il y a bien toujours le recours en remise partielle ou totale des droits de sceau, mais, cette remise n'étant qu'hypothétique, on y regardera toujours à deux fois avant de s'engager sur une simple *hypothèse,* qui pourrait rester à l'état d'hypothèse avec le poids d'une trop lourde *réalité.*

Vous me demandez enfin, Monsieur, quels sont vos droits et comment vous pourrez les produire, à l'effet d'empêcher une personne qui vous est étrangère par le sang d'être autorisée à ajouter à son propre nom celui de votre famille?

Avant le décret du 8 janvier 1859, les choses se passaient un peu trop à *huis clos*, et voici comment : c'était la loi du 11 germinal an XI, si je ne me trompe, qui réglait cette matière. L'acte souverain qui accordait provisoirement à un citoyen la faveur qu'il avait demandée de modifier ainsi son nom était inséré au *Bulletin des Lois*, et, pendant une année à dater du jour de cette insertion, tous ceux qui avaient ou croyaient avoir le droit de s'opposer à la concession *gracieuse*, pouvaient adresser à l'autorité compétente leurs observations et oppositions. Le décret n'était qu'une faveur toute *provisoire*, sur laquelle le prince, mieux informé, pouvait revenir, comme cela est arrivé. Mais il ne vous échappera pas sans doute que ce mode de procédure était vicieux, car, bien que le décret d'octroi ne fût que *provisoire*, il y avait toujours une sorte de *pré-juger* dans ce décret même, et tout *pré-juger* est fâcheux en ce qu'il lie toujours *un peu* celui qui l'a exprimé.

Aujourd'hui, Monsieur, le décret du 8 janvier 1859 a sauvegardé plus efficacement les droits des tiers en ces matières délicates, et, d'après son article 9, comme vous l'avez vu : « Les *demandes* en » addition ou changement de nom devront être insérées au *Mo-* » *niteur* et dans les journaux désignés pour l'insertion des an- » nonces judiciaires de l'arrondissement où réside le pétitionnaire » et de celui où il est né. Il ne peut être statué sur les demandes » que trois mois après la date des insertions. »

Vous serez donc, Monsieur, prévenu en temps utile, et vous aurez trois mois pour agir en conséquence ; mais défiez-vous jusqu'au 8 janvier 1861 de la disposition finale que je crois devoir replacer sous vos yeux :

Art. 10. Pendant *deux ans* à partir de la promulgation du présent décret, notre garde des sceaux « pourra, sur l'avis du » conseil du sceau des titres, dispenser des insertions prescrites » par l'article 9, lorsque les demandes seront fondées sur une » possession ancienne ou notoire et consacrée par d'importants » services. »

En effet, si le postulant ou les postulants dont il s'agit se trouvent dans un des cas, assez élastiques, prévus par cet article transitoire, et si on leur applique le bénéfice de cet article, ils n'auront plus à subir d'autres exigences de *publicité* que celles qu'a édictées la loi du 11 germinal an XI.

Voici, pour votre cas particulier; quant au général, les faits nous révèleront en 1861 si cette porte de l'article 10 du décret de 1859 a été large ou étroite, et pour qui elle aura été ouverte ou fermée. Ce sera peut-être une étude intéressante de statistique à faire à côté des réflexions que nous permettra la loi du 28 mai 1858, alors complétement fixée sans doute par la jurisprudence, et passée, comme les résultats de l'article 10 du décret de 1859 eux-mêmes, à l'état de *faits accomplis*.

N'oublions pas une chose cependant, Monsieur : c'est que ces faits, tout accomplis qu'ils seront, auront une date à laquelle les historiens de l'avenir pourront toujours remonter d'autant plus aisément que cette date *sera certaine*. Circonscrite, avec son cachet particulier, dans un laps de temps assez restreint, cette date facilitera les recherches des investigateurs, curieux de connaître tous les petits secrets intimes de la chronique aristocratique moderne, du 8 janvier 1859 au 8 janvier 1861. Si les renseignements que je possède déjà sur ce point sont exacts, et j'ai lieu de les croire tels, ils promettent aux d'Hozier futurs une ample moisson de remarques fort instructives... Et alors,... qui vivra, verra...

Agréez, etc.

POST-SCRIPTUM

En réponse à un critique.

Le numéro du 2 avril 1860 du *Journal de la Vienne* contenait un assez long article, dont l'auteur discutait, avec courtoisie du reste, les opinions émises dans les quatre lettres que j'avais publiées successivement dans la même feuille.

Le 3, j'adressais au directeur la réponse suivante, que je puis bien appeler le *post-scriptum* de ma brochure :

MONSIEUR,

Je n'ai point l'honneur de vous connaître ; mais comme la lettre que vous avez fait insérer dans le *Journal de la Vienne* d'hier est, en somme, une lettre courtoise, j'y réponds.

Je laisse de côté les petites malices, qu'il faut toujours pardonner à un homme d'esprit, et vous l'êtes, pour ne m'attacher qu'au fond même des choses.

Or, dégagée des arabesques brillantes dont votre plume facile l'a *illustrée*, votre lettre se réduit à ceci :

1° J'inspirerai une fausse sécurité aux intéressés en encourageant les usurpateurs ;

2° J'ai tort de donner des consultations restituant à des *nobles* une particule de contrebande ;

3° Je confonds les juridictions auxquelles les justiciables doivent s'adresser ;

4° J'oublie que le droit ancien condamne mon système ;

5° Enfin, au lieu de chercher des armes *impuissantes contre* la loi du 28 mai 1858 dans les discours et rapports au Corps législatif, je ferais plus sagement de m'attacher à *comprendre* le système de notre législation.

Voilà, si je ne me trompe, et dans toute sa nudité, ce que couvrent les élégantes broderies de votre lettre du 2 avril.

Un mot, un seul, sur chacun de ces points; je serai nécessairement bref : le courrier m'attend.

1° Ma thèse est peut-être, en effet, favorable à quelques prétentions d'authenticité douteuse, je le sais, et pourtant je ne la changerai pas, par cette raison que la thèse contraire aboutit fatalement à compromettre des droits réels. Or, j'applique à ces questions délicates un adage dont vous avez probablement fait vous-même l'application : « Mieux vaut voir s'échapper dix coupables que condamner un innocent. »

Je sais bien que tout propriétaire d'un domaine, noble ou bourgeois, donnait jadis à ses enfants un nom de terre, et que ceci ne constitue pas noblesse; mais je sais aussi que ces qualifications ont pris avec le temps une valeur en quelque sorte patronymique; elles ont désigné, *spécialisé* chaque branche de la famille; elles sont ainsi devenues, comme le nom lui-même, le dépôt des souvenirs honorables des aïeux; elles ont constitué un patrimoine sacré, quelquefois l'unique qui soit resté, et que mon *libéralisme*, trop large selon vous, entend conserver à ceux, nobles ou non, qui l'ont recueilli. Je n'établis pas que ces qualifications constituent la noblesse, je le répète; mais, comme aux yeux du monde elles la font *présumer*, je désire qu'elles soient, autant que possible, conservées *aussi* à ceux qui sont nobles.

Peut-être trouverez-vous encore que je suis un casuiste un peu relâché; mais voudriez-vous bien me dire, Monsieur, qui aurait le droit, par le temps qui court, d'être plus sévère que moi ?

2° Il était inutile de me rappeler que la particule n'est pas *constitutive* de l'état nobiliaire ; je l'ai dit et répété dans toutes mes lettres ; mais ce que je dis et répète encore, c'est que, malgré textes et citations, les habitudes, la coutume, les *mœurs* ont consacré *depuis des siècles* cet appendice des noms comme indicatif de l'état nobiliaire, et qu'il faut, bon gré mal gré, tenir compte de ce fait toujours triomphant et sur toute la ligne... Ce qui est vrai, c'est que des documents *officiels* prouvent contre vos notes de chancellerie l'obéissance des pouvoirs constitués et du législateur de 1858 lui-même à cette souveraine des peuples et des rois qu'on nomme l'*opinion publique*.

Si la particule n'était pas ce que j'ai dit et ce que je maintiens *qu'elle est*, elle n'aurait aucune valeur ; or elle a une valeur réelle, *puisqu'on la vole...*

Ai-je donc si grand tort de croire qu'un *noble* puisse ajouter cette décoration à son nom sans encourir *en droit* une *pénalité correctionnelle*, et d'appliquer cette *consultation* à une espèce dans laquelle figure un *noble* dont le bisaïeul décorait ainsi son propre nom, il y a deux tiers de siècle ? Qui vivra verra.

3° Vous avez, il me semble, Monsieur, une tendance trop marquée à étendre le cercle dans lequel pourra se mouvoir la juridiction gracieuse, et moi, je l'avoue, j'incline, au contraire, à resserrer ce cercle. La brochure que j'imprime en ce moment vous donnera dans plusieurs lettres, et notamment dans celles que j'ai adressées à un membre du Corps législatif et à M... sur le décret du 8 janvier 1859, les développements que vous pourriez souhaiter sur ce point [1]. Je les résume en deux mots : « Quand on a droit à » justice, on ne doit pas être obligé de demander grâce. »

4° Je prends aussi la liberté de vous renvoyer à ma lettre à

[1] *V.* lettres XII et XIV, p. 117 et 139.

M. A. P... (*V.* la brochure) [1] pour tout ce qui se rattache aux ordonnances de nos vieux rois citées par vous comme condamnant certaines altérations de noms. Vous y verrez, Monsieur, que j'ajoute à l'opinion du savant Merlin sur la *non-existence* légale de l'ordonnance de Blois de 1555 un témoignage qui me semble irrécusable, et que, quant aux prescriptions édictées par Louis XIV, je leur restitue le véritable sens que leur attribua la jurisprudence ancienne, confirmée, m'est avis, par la jurisprudence moderne.

Je ne suis ni magistrat ni jurisconsulte ; j'ai donc, à cause de ce, plus de chances qu'un autre d'errer en ces matières spéciales; mais je crois que vous aurez du moins la loyauté de reconnaître que, « si je me trompe, d'autres que moi peuvent aussi se tromper. »

Ainsi, par exemple, Monsieur, c'est surtout mon article du 10 janvier que vous battez en brèche, et d'une façon assez rude. Eh bien ! ne me sera-t-il pas permis d'opposer à votre opinion critique l'approbation flatteuse que cet article recevait loin de son auteur, et au moment de sa publication, d'une de ces bouches qui *rendent des arrêts, et non pas des services ?* Moins que tout autre sans doute, Monsieur, vous contesterez la compétence de cette haute autorité.... Et pourtant, si mon article, qui pèche à vos yeux en bien des points, et des plus graves, a été jugé autrement ailleurs, à quoi cela tient-il ? au point de vue ? Peut-être; mais peut-être aussi aux verres des lunettes. Où est donc le vrai ? Permettez qu'en bon père que je suis, je croie le trouver, ce vrai, dans le fils de mes œuvres.

5° Ce qui me paraît plus regrettable, Monsieur, dans votre lettre, c'est le dédain, le mépris même qu'elle affecte pour les arguments *impuissants* que je cherche (vous dites *contre*, et moi je dis *pour* la loi du 28 mai 1858) dans les discours et rapports au

[1] *V.* lettre X, p. 99.

Corps législatif. Vous justifiez, Monsieur, sans vous en douter, les réflexions bien sérieuses que je soumettais naguère à un membre de ce corps important de l'État (vous trouverez ma lettre dans ma brochure) au sujet du sans-façon cavalier avec lequel on traite, en effet, quelquefois nos lois, quand leur texte, *devenu cadavre, est livré au scalpel des docteurs en anatomie*. Votre système sur ce point est tout bonnement effrayant, et, si la magistrature suivait toujours en ceci vos conclusions, nous irions loin.

Quant à moi, Monsieur, qui n'ai pas l'honneur d'être magistrat, j'ai l'ingénuité de croire que, si je l'étais, je ne chercherais pas ailleurs que dans les opinions exprimées par le législateur lui-même, au moment où il a produit la loi, le sens, l'esprit, le *pourquoi* de cette loi.

Ce germe déposé au cœur même de la loi au moment de son éclosion, je me regarderais comme scrupuleusement tenu en conscience à le développer avec un soin respectueux, sans laisser croître à côté de lui des herbes parasites ou ennemies qui l'auraient bientôt étouffé au profit d'une plante étrangère.

Je n'ai pas l'honneur d'être magistrat, je le répète, mais je crois, et je le crois avec toute l'énergie dont mon cœur est doué, que ce respect pieux des intentions *léguées* par le législateur même aux *exécuteurs de ses volontés* doit, sous peine de forfaiture au premier chef, présider à toutes les décisions de ceux qui *rendent des arrêts, et non pas des services*.

Agréez, Monsieur, l'assurance de mes sentiments distingués.

St-Hilaire, 3 avril 1860.

CONCLUSIONS.

La noblesse, en France, n'est plus aujourd'hui qu'une distinction honorifique.

En dehors des titres qui ne sont pas communs à tous ses membres, tels que ceux de baron, vicomte, comte, etc., les seuls signes extérieurs manifestant *aujourd'hui* le droit à cette distinction honorifique, qui (allons au fond des choses) serait complétement vaine et illusoire sans cette manifestation, ce sont incontestablement les particules placées devant le nom patronymique, ou bien les noms terriens ajoutés à ce nom patronymique.

Faire disparaître ces signes extérieurs, tenus, dans l'état actuel de nos mœurs et par la loi elle-même, pour indicatifs de l'état nobiliaire, c'est donc, en *réalité*, ravir aux membres de la noblesse dont les noms auront été privés de ces signes ce qui constitue, dans les apparences seules utiles, la distinction honorifique à laquelle ils ont droit comme nobles.

Que ce résultat soit produit *directement* ou *indirectement*, il reste toujours ce qu'il est, c'est-à-dire évidemment contraire à la pensée qui a présidé à l'élaboration de la loi du 28 mai 1858, telle qu'elle a été solennellement proclamée et par le pouvoir qui l'a soumise à la sanction des représentants du pays, et par ces représentants eux-mêmes.

Si pourtant ce résultat, contraire à la *pensée-mère* de la loi, est la conséquence *nécessaire* de cette loi dans son application, c'est qu'elle sera mal interprétée ou qu'elle aura été mal rédigée.

Dans le premier cas, on doit tout faire pour qu'elle soit interprétée comme elle doit l'être; dans le second cas, il faut la remettre à l'étude et la changer.

Si l'interprétation persiste, et si avec elle persiste aussi l'altération patente du sens de la loi sans qu'on songe à changer cette loi, c'est qu'en définitive on l'aura trouvée bonne, telle que l'auront faite les interprétations contraires à son esprit.

Mais alors législateurs, juges, justiciables et galerie, tous se regardant les uns les autres, comme ces personnages de certaine scène bien connue d'une haute comédie, pourront se dire, en altérant quelque peu le texte de Beaumarchais :

« Qui est-ce donc qui se trompe ici ? »

APPENDICE[1].

LOI DU 28 MAI 1858.

EXPOSÉ DES MOTIFS, DISCUSSIONS, CIRCULAIRES.

Extraits de l'exposé des motifs de la loi du 28 *mai* 1858. — *Moniteur* du 20 mars.

1. — Il s'agit (dans la loi) de délits qui ne lèsent point directement les intérêts privés; leur poursuite appartient exclusivement au ministère public. C'est à lui, et à lui seul, à *sa prudence*, que sera confié le soin de discerner les faits dans lesquels se trouveraient réunis tous *les éléments de la criminalité*. Il y a là une première garantie contre le danger de poursuites malveillantes et d'accusations *irréfléchies*.

2. — Est-il besoin de dire que le projet *n'entend point* confier aux tribunaux de justice répressive, comme on a pu le craindre, le soin de procéder à une sorte de *révision générale de tous les titres de noblesse?* Aucun *esprit sensé* ne peut s'arrêter à une pareille supposition.

3. — Les règles en cette matière n'ont pas toujours été bien *certaines* ou bien stables ; le temps et l'usage peuvent en avoir affaibli le souvenir et l'autorité : les changements survenus dans la législation en ont rendu, en certains cas, l'application impossible. Il ne serait donc *ni prudent ni juste de remonter à l'origine de possessions*

DÉCISIONS JUDICIAIRES SUR SON APPLICATION.

Jugement du tribunal de Châteauroux du 16 *janvier* 1860.

Ouï le rapport de M. Rollinat dans l'intérêt du requérant, et M. le procureur impérial dans ses conclusions.

La cause présente la question de savoir si l'acte de naissance du 28 messidor an IX de Charles G....., fils d'André G.....-Devass..... et d'Adélaïde Duris-Dufresne, doit être rectifié.

Sur cette question :

1. — Attendu qu'aucun acte de l'état civil ne peut être modifié ni rectifié s'il n'est entaché d'erreur, d'omission ou d'irrégularité;

2. — Qu'il s'agit, dans l'espèce, d'examiner si un cas de rectification se présente; qu'il est certain qu'il n'y a ni omission ni erreur, mais seulement irrégularité en ce que le nom patronymique du père a

[1] Les citations que je fais ne sont que des extraits (fort amples, il est vrai) des pièces officielles, et les chiffres placés en tête de chaque paragraphe n'y ont été mis que pour faciliter les citations que je pouvais avoir à faire de ces documents importants à l'appui des lettres qui précèdent. — J'ai souligné ce qui m'a paru mériter une attention particulière dans le sens de mes profondes convictions.

plus ou moins anciennes, pour y rechercher des *abus*, et en faire retomber le châtiment sur *la postérité* de ceux qui les auraient commis

4. — Le zèle éclairé des magistrats ne se trompera point sur les *devoirs* qui naîtront pour eux de la loi; ils *comprendront* qu'ils doivent poursuivre et punir les *usurpations flagrantes*, sur lesquelles il n'y a ni erreur ni illusion possible, *dont le jour et l'heure* peuvent être indiqués, que *rien n'explique* et ne justifie.

5. — Cette distinction, *si facile à saisir*, n'est que l'application du principe que, *sans intention coupable*, il n'y a *point de criminalité*. En même temps qu'elle aplanit les difficultés d'exécution, elle doit rassurer les consciences honnêtes, et ne laisser d'inquiétude qu'à ceux qui ne peuvent se dissimuler le *vice de leur possession*...

6. — Si, dans le passé, de 1808 ou de 1816 à 1831, les poursuites ont été rares, il faut s'en féliciter, et il faut désirer qu'il en soit de même à l'avenir. Si les tribunaux ne sont pas appelés à faire un fréquent usage du pouvoir qui va leur être confié, ce sera une preuve de son efficacité : c'est parce qu'il aura produit une salutaire *intimidation*, et fait cesser, en grande partie, le désordre et le scandale....

Nous soumettons ces considéra-

été ajouté au prénom donné à l'enfant [1]; que le requérant lui-même le reconnaît parfaitement, puisqu'il demande qu'on rectifie son acte de naissance, soit en complétant par le nom de de Vass... le nom patronymique G....., qui a été ajouté à son prénom de Charles, soit en supprimant ledit nom de G..... ajouté à tort au prénom de Charles, disant de plus que le nom doit être écrit de Vass... en deux mots ;

3. — Que le requérant se borne donc à demander que son acte de naissance soit rectifié d'une manière ou d'une autre, mais de telle façon qu'il lui donne, avec sa véritable orthographe, le nom entier de son père;

4. — Que, sans doute, il est de principe élémentaire que le fils doit porter le nom de son père; mais que si ce principe est incontestable, un autre ne l'est pas moins, à savoir, que, pour qu'un fils puisse établir par la justice le nom de son père, il doit prouver le droit qu'avait son père à porter tel ou tel nom [2];

5. — Que le nom de famille du requérant étant écrit de trois manières [3] dans l'acte soumis au tri-

[1] *Voir* à la p. 46.

[2] *Voir* la note de la p. 48.

[3] Ces variantes auraient dû guider le tribunal au lieu de l'embarrasser. En effet, dans l'hortographe du corps de l'acte (Devass...), on voit l'œuvre du scribe officiel, lequel écrit le nom du déclarant de façon à reproduire par la combinaison des syllabes *tous* les sons qui ont *toujours* frappé ses oreilles *toutes les fois* que ce nom a été prononcé devant lui dans le monde; il a seulement le soin légal d'enlever à ce nom le caractère nobiliaire que lui eût donné la particule séparée du reste du mot, et que proscrivaient alors des lois dont lui, fonctionnaire républicain, connaît les sévères rigueurs. Dans l'orthographe de la signature (Vass...),

tions au Corps législatif, avec la confiance qu'elles le détermineront à adopter le projet de loi que nous avons l'honneur de lui présenter.

Extraits du rapport fait, au nom de la commission du Corps législatif, par M. du Miral. — 4 mai 1858.

7. — ... Notre attention était appelée sur les *difficultés d'exécution* du projet (de la loi du 28 mai 1858), sur le grand nombre de familles dans lesquelles il venait semer *l'inquiétude*... Nous avons donc eu pour principal devoir de déterminer l'*étendue*, le *caractère* et la *portée* du projet...

8. — Quelle que soit la valeur ou la nature actuelle des titres, ils constituent un *droit* pour les propriétaires *légitimes*, et, dans un État policé, tous les droits doivent être respectés; *l'usurpation* ne doit d'ailleurs, dans aucun cas, être permise; elle est tout à la fois un désordre et un scandale : cela suffirait pour déterminer à la punir...

9. — C'est le caractère propre des distinctions nobiliaires de *s'étendre à la famille* de celui qui les obtient, et c'est certainement une des causes de la convoitise éclatante, notoire, acceptée et encouragée par les mœurs, dont elles sont aujourd'hui l'objet.

bunal, G....., G.....-Devass... et G..... Vass..., il est de toute nécessité, pour que le tribunal puisse statuer sur la demande qui lui est soumise, de rechercher comment s'appelait le père du requérant, l'acte de naissance ne l'établissant pas d'une manière certaine;

6. — Attendu que le requérant produit à l'appui de sa demande, entre autres pièces : 1° un acte du 22 septembre 1761, constatant que le sieur André (père du requérant) a été baptisé comme fils légitime de Louis G....., écuyer, chevalier, seigneur de Vass... et autres lieux, et que ledit Louis G..... a signé G..... de Vass...; 2° un acte de mariage du sieur André, en date à Châteauroux du 2 juin 1788, au nom duquel le sieur André et son père sont appelés G..... de Vass..., et qui est signé par le père et le fils G..... de Vass...;

7. — Que de l'examen de ces deux actes, et surtout du premier, de celui qui, mieux que tout autre, fixe l'origine du nom, de l'acte de naissance du sieur André, il résulte, ce qui, au surplus, est parfaitement reconnu par le requérant,

apparaît l'œuvre personnelle du déclarant, lequel, se souvenant qu'il a failli naguère voir *tomber sa tête*, précisément parce que son nom en avait *une*, s'empresse *ad cautelam* de couper de sa propre main cet appendice compromettant, dont la suppression même aura, du reste, toujours son éloquence et fera trace du passé. Chacun des deux acteurs de ce petit drame intime est dans son rôle et tend, sous une *diversité* plus apparente que réelle, à un but *unique*, à la démonstration précise qu'en l'*an IX*, le nom de Vass. faisait *partie intégrante* (si même elle ne la constituait pas *seule*) de l'appellation populaire et commune sous laquelle était connu le père de l'exposant. Si telle n'est pas la conclusion à tirer de la *rédaction mosaïque* de l'acte du 28 brumaire an IX, il n'y a plus de preuves que la logique puisse invoquer en dehors des faits purement matériels.

10. — ... Votre commission, en adoptant le principe de la loi, a voulu, en même temps, que personne *ne pût se méprendre* sur le caractère et sur la portée qu'elle lui assignait.

11. — Nous étions unanimes à penser que la noblesse ne peut plus être aujourd'hui, en France, qu'*une distinction honorifique pure de tout privilége*, et ne devait plus rappeler l'idée d'aucune différence de race ou de caste; pour qu'il n'y eût pas d'équivoque possible sur ce point, pour que notre volonté fût plus manifeste, nous avons supprimé le mot *noblesse* de la rédaction qui nous était présentée, et nous l'avons remplacé par *distinction honorifique*, qui en est à nos yeux la définition véritable. Cette modification n'a pas été contestée par le conseil d'État...

12. — Le principe de la loi une fois adopté,... nous avons eu le devoir d'en tenter l'amélioration...

13. — Quelques membres de la commission avaient d'abord été séduits par l'idée d'interdire, d'une *manière générale, tous les changements de nom*. Ces changements leur semblaient constituer, dans tous les cas, un *désordre* digne d'une répression; ils voyaient d'ailleurs à cette généralisation l'avantage de donner à la loi un caractère, non-seulement plus étendu, mais nouveau; elle devenait alors, suivant eux, la sauvegarde et la *garantie de l'état civil* de tous. Mais, en y réfléchissant davantage, on reconnaissait qu'une règle aussi générale comportait nécessairement des exceptions; qu'il n'était pas

que le nom patronymique de son père est G....., et que le nom de de Vass... n'est et ne peut être qu'un nom terrien; qu'il en résulte aussi qu'André et son père ont signé ces actes G..... de Vass...;

8. — Que, s'il est vrai que l'acte de baptême d'André Girard a été signé G..... de Vass..., ledit acte n'en porte pas moins que ledit André est fils de Louis G....., écuyer, chevalier, seigneur de Vass... et autres lieux; qu'ainsi cet acte de baptême ne donne pas à Louis G..... le nom de de Vass..., mais le dit seulement seigneur de Vass... et autres lieux;.

9. — Que si cet acte de baptême, comme l'acte de mariage, a été signé G..... de Vass..., cela peut être par suite d'une prétention plus ou moins fondée à la noblesse, ou de l'usage, contraire aux anciens édits et ordonnances, de joindre à son nom patronymique le nom terrien, le nom du fief qu'on possédait ou qu'on avait possédé; mais que cette signature ne peut constituer un droit que les tribunaux civils puissent proclamer [1];

10. — Qu'en effet, le tribunal n'a pas à se préoccuper de la question de savoir s'il serait ou non compétent pour décider si la propriété de Vass... était ou non un fief noble, si les G..... étaient ou non nobles; si, contrairement à l'ordonnance de Blois [2], l'acquisi-

[1] Ma brochure tout entière, et à chaque page, prouve, avec la Cour de cassation du reste, que ce système n'est pas sérieusement soutenable en droit.

[2] Qui n'a jamais été obéie, *si jamais elle a existé. V.* p. 99.

possible de punir des changements innocents, utiles, inoffensifs, et fréquemment involontaires... Il fallait donc nécessairement, dans ce système, énumérer les exceptions à la règle; mais toutes les tentatives faites pour formuler cette énumération d'une manière rationnelle n'ont abouti qu'à l'impuissance.

14. — La majorité n'a pas tardé à reconnaître que la *vanité* était, en dehors de l'escroquerie, l'élément nécessaire de tout changement de nom *répréhensible*. Elle s'est ralliée à l'idée moins vaste, mais plus conforme au principe du projet, de n'atteindre que les *falsifications* de noms opérées *dans un but* de distinction honorifique. Elle a pensé que c'était là, dans la réalité, le *seul scandale* dont l'opinion se fût émue, et qui fût *sérieusement punissable*; mais aussi elle n'a pas hésité à vouloir qu'il ne demeurât pas plus longtemps impuni.

15. — L'abus des *usurpations* de noms nobiliaires est plus fréquent encore que celui de l'usurpation des titres et le prépare souvent; ce sont des faits de même nature, dictés par le même mobile, procurant les mêmes avantages; comme le titre, plus que le titre même, la *particule* s'ajoute au nom, en fait partie, se communique et se transmet; elle le décore, dans nos mœurs, presque à un égal degré, et fait croire quelquefois davantage à l'ancienneté de l'origine; son usurpation méconnaît le droit du souverain, sans l'autorisation duquel les noms ne peuvent être changés; elle porte atteinte aux droits respectables de ceux qui en ont la possession légitime; *frauduleuse* dans son origine, elle a souvent pour conséquence des *fraudes* d'une autre nature; enfin, et c'est là son caractère le plus blâmable, l'abandon du nom

tion d'un fief noble a pu anoblir un roturier; si la noblesse peut ou non se prescrire par un laps de temps, par quelle possession;

11. — Qu'il n'a pas davantage à s'occuper de la question de savoir si le requérant n'aurait pas dû se pourvoir devant la commission du sceau, ou s'adresser à la juridiction gracieuse;

12 — Qu'il s'agit seulement pour lui de savoir si les actes de l'état civil des père et grand-père du requérant leur donnaient le nom de G..... de Vass...;

13. — Qu'il résulte, ainsi qu'il a été dit ci-dessus, de l'acte de baptême du père du requérant, qu'il s'appelait seulement André, fils de Louis G....., écuyer, seigneur de Vass... et autres lieux; que l'acte de naissance dudit Louis G..... n'est pas représenté; qu'il résulte encore de deux actes produits sous les n°s 1 et 2 de la requête, lesdits actes en date du 25 septembre 1677 et du 17 janvier 1697, collationnés tous deux en 1778, qu'un auteur dudit Louis G..... s'appelait Pierre G....., qu'on le qualifiait d'écuyer, sieur de Vass... et de la Motte, qu'il signait Pierre G....., et qu'il était fils de Jean G....., écuyer, sieur de Pavigny et de Vass...;

14. — Qu'il n'y a lieu de s'arrêter aux deux baux de 1760 produits au tribunal; qu'en effet, les tiers parties à ces deux actes n'ayant eu aucun intérêt à contester les qualifications qui y sont

vrai de la famille est un acte de mépris qui s'élève parfois à la hauteur d'une impiété filiale, et que cette impiété seule suffirait à rendre coupable.

16. — Nous croyons avoir suffisamment déterminé le *caractère légal* de la *falsification* des noms que nous avons voulu punir; personne ne s'y trompera : *le délit ne subsistera* qu'à *la double condition* que la particule nobiliaire aura été *frauduleusement* introduite dans le nom véritable par une altération quelconque, *en vue* d'une distinction honorifique.

17. — Est-il nécessaire de dire que l'adoption d'un *nom de terre*, relié par une *particule* au nom patronymique, qu'on conservera d'abord, sauf à le supprimer ensuite, pourra constituer l'infraction? Le meilleur commentaire de la loi sur ce point sera dans nos habitudes sociales; il n'est point nécessaire d'être jurisconsulte pour se rendre un compte exact de sa portée. N'avons-nous pas d'ailleurs eu déjà l'occasion d'expliquer la valeur de cette expression *distinction honorifique*, que nous avons employée dans la redaction de la loi?

18. — Une explication est cependant nécessaire : le projet, tel qu'il est soumis maintenant à votre vote, *punit* quiconque, *en vue* d'une distinction honorifique, change, altère ou modifie le nom que lui assignent les *actes de l'état civil*. Qu'avons-nous entendu par cette expression *générale et collective*, et pourquoi n'avons-nous pas seulement indiqué l'acte de naissance comme la règle et le *criterium* du nom? C'est que, dans des cas exceptionnels, l'acte de naissance peut être inexact, incomplet ou falsifié, et que le droit ou la vérité doivent alors se puiser

renfermées, ces actes ne peuvent avoir aucune valeur;

15. — Qu'ainsi, en présence des pièces produites, il n'est pas possible au tribunal de trouver une preuve suffisante que les auteurs du sieur André G..... aient porté de père en fils le nom terrien de de Vass... accolé à celui de G..... dans les actes de l'état civil, que ce nom de de Vass .. soit devenu une partie intégrante du nom patronymique G.....;

16.—Que le sieur André G..... lui-même, n'ayant pas dans son acte de naissance le nom de de Vass..., n'a pu le transmettre à son fils; qu'il n'y a lieu, par conséquent, d'ajouter au nom de Charles G..... celui de de Vass..., et par conséquent de s'occuper de l'orthographe de ce nom;

17. — Par ces motifs, le tribunal, statuant en premier ressort, dit qu'il n'y a lieu de prononcer la rectification demandée, et condamne Charles G..... aux dépens de sa demande.

Jugement du tribunal de Saint-Jean-d'Angély, du 2 mars 1860, entre M. le procureur impérial et A. P., etc.

Ouï, etc;

18. — Attendu que A. P. reconnaît avoir, en fait, dans le cours de l'année 1859, à C., signé le nom de *de B.* dans, etc.; qu'il déclare

dans l'ensemble des actes qui constatent l'état de la famille.

19.—... Il est un point commun aux usurpations de noms et de titres qui a dû fixer toute notre attention. Dans quelles circonstances faudra-t-il que le DELIT ait été commis pour être *punissable*? La raison indique tout d'abord que, presque toujours, il consistera dans une série d'actes géminés, persévérants, nécessairement publics; car *l'usurpation* ne peut se *constituer* d'une manière définitive et profitable qu'à la condition d'être acceptée par la société, ou tout au moins de lui être imposée. Il peut être cependant utile d'arrêter l'entreprise au moment où elle se forme, de la saisir, par exemple, dans ces actes de famille dans lesquels on dépose les premiers germes pour y puiser ultérieurement les apparences d'une possession légitime. Mais il serait imprudent et dangereux de s'arrêter à des faits isolés, sans caractère certain. Le seuil du domicile, l'intimité de la vie privée doivent, pour des faits de cette nature, demeurer toujours impénétrables. Une carte de visite a pu être méchamment fabriquée et remise; un titre donné par erreur ou même pris innocemment; un nom mal entendu, mal répété.

20. — C'est pour cela que, dans le premier amendement envoyé par nous au conseil d'Etat, nous avions inséré ces mots : *dans un acte authentique ou sous seing privé ou dans un écrit publié,* qui, pour nous, résumaient la

avoir pris et signé ce nom parce qu'il en avait le droit, ou que, tout au moins, il a été de bonne foi en se l'attribuant et en le signant;

19. — Attendu que, aux termes de la loi du 28 mai 1858, art. 259, nº 2, pour qu'il y ait délit, il faut la réunion de quatre circonstances, savoir : que le nom assigné par les actes de l'état civil ait été changé, altéré ou modifié; qu'il l'ait été sans droit, qu'il l'ait été publiquement, *en vue de s'attribuer une distinction honorifique*; qu'il faut, de plus, en cette matière comme en toute autre de pénalité, que le fait soit exclusif de la bonne foi;

20. — Attendu que l'acte de naissance de l'inculpé, à la date du 5 février 1830, lui attribue seulement le nom de P.; que l'acte de mariage de son père, inscrit à la date du 9 février 1825, ne le désigne que sous ce nom; que, en remontant aux actes de naissance des ascendants d'A. P., aux dates des 13 floréal an IV [1] (son père), 20 août 1764 [2] (son aïeul), 21 mars 1733 [3] (son bisaïeul), on ne trouve jamais pour nom de famille que celui de P., attribué, dans ces termes précis et restreints, à cinq générations successives de la même famille; qu'il est, dès lors, établi que le nom de l'inculpé a été par lui modifié;

[1] Cette date suffit pour expliquer l'absence d'une qualification nobiliaire.

[2] Le père de cet aïeul n'ayant été anobli que *le 8 mai* 1765, cette date suffit pour expliquer encore l'absence d'une qualification nobiliaire en 1764.

[3] Même explication plausible pour la date de 1733.

double idée de la publicité du délit et de son entière certitude. Ces expressions ayant été supprimées dans la rédaction qui nous fut renvoyée par le conseil d'Etat, nous insistâmes pour que le mot *publiquement* lui fût substitué...

21. — Il nous reste à vous entretenir d'un dernier point auquel votre commission a accordé une attention particulière. La loi qui vous est soumise *pourra-t-elle* être exécutée dans son état actuel ? ne doit-elle pas être précédée ou suivie d'un complément nécessaire? Ne sera-t-elle pas dans les mains du ministère public une arme *arbitraire* et *dangereuse?*

22. — Après s'être posé ces diverses questions, après avoir reçu les explications des organes du gouvernement, votre commission a été unanime pour penser qu'il n'y avait, dans cet ordre d'idées, aucune modification utile à apporter au projet.

23. — La loi actuelle *n'a pas pour but* de préparer une *révision générale* de tous les titres, de tous les noms nobiliaires. Elle n'est pas une préface d'un *livre d'or à créer* pour la noblesse française. A quoi bon cette révision et ce livre, puisque la noblesse ne constitue plus une classe et n'a à exercer ni droits ni prérogatives ? Nous sommes fort disposés à croire qu'il y aurait plus d'un inconvénient à le tenter.

24. — L'application des dispositions *pénales* soumises à votre vote

21. — Attendu qu'il l'a été sans droit;

22. — Attendu que les actes [1] de l'état civil, spécialement les actes de naissance, forment l'état civil des citoyens ; que nul ne peut se prévaloir d'aucun autre nom que de celui ou de ceux qui y sont portés; que l'état civil ne peut et n'a pu, à aucune époque de la législation française, recevoir de modification que par l'une des deux voies suivantes :

23. — Ou par un jugement, lorsqu'il y a eu erreur dans les actes et lorsqu'il s'agit de rectifier ou de compléter ce qui a été inscrit d'inexact ou d'incomplet; ou par une addition de nom dont l'octroi n'appartient et n'a *jamais* [2] *appartenu qu'au chef de l'Etat*, sollicité [3] à maintes époques de notre histoire nationale, notamment par les états généraux, en 1614, d'assurer l'exécution du principe qui a pour but de conserver à chacun la possession paisible et régulière de son nom, principe consacré par la loi du 11 germinal an XI encore en vigueur;

24. — Attendu qu'A. P. s'est pourvu en addition du nom de *de B.*; que sa demande a été, par le conseil d'État, déclarée *non susceptible d'être accueillie* [4], le 26

[1] Il serait mieux de dire, avec M. du Miral : *l'ensemble des actes qui constatent l'état de la famille.*

[2] Je crois avoir démontré le contraire, et c'était, en 1845, l'avis de la cour de cassation.

[3] Oui, mais toujours en vain, et pourquoi ?

[4] Le lecteur comprendra très bien que M. A. P., dont il va voir les titres établis par le jugement même qui le condamne, ait songé

ne nécessite rien de semblable. Il ne s'agit que d'atteindre l'*audace*, la *mauvaise foi*, ou la *fraude*. Leur constatation sera toujours facile et sans embarras sérieux....

25.—Devions-nous être frappés davantage de la possibilité d'une application *inintelligente, abusive* et *partiale* de la loi ? Nous n'aurions pu *sans injustice* supposer une pareille intention au gouvernement de l'Empereur.

26. — Aurions-nous eu à redouter avec plus de raison l'*excès de zèle et d'ardeur* de quelques magistrats ? Si la sagesse notoire qui préside à la direction de nos parquets ne nous avait pas déjà, de ce côté, *défendu toute inquiétude*, nous aurions été entièrement rassurés de par déclaration que nous avons reçue, au nom du gouvernement, de M. le secrétaire général de la justice, *qu'une circulaire ministérielle réglerait tous les détails d'exécution de la loi et établirait l'importante uniformité de son application.*

27. —Non-seulement cette application sera *impartiale*, mais nous avons la certitude qu'elle sera *intelligente*, c'est-à-dire sage et réservée. Ne faut-il pas en toute chose une *juste limite*, la mesure du *bon sens* et de l'*utilité* ? Nous ne doutons pas que le gouvernement ne sache s'y conformer ; si l'impunité ne doit pas être acquise aux usurpations anciennes, il faut du moins sévir de préférence contre les usurpations récentes, et surtout rendre impossibles les usurpations futures.

avril 1859, décision dont il a reçu notification ; que, du reste, il n'a pas formé de demande en rectification de son acte de naissance ;

25. — Que, dès lors, son nom est P., et que c'est sans droit qu'il y a apporté modification ;

26. — Attendu qu'il y a eu publicité..., etc. ;

27. — Attendu que le nom a été *modifié en vue de s'attribuer une distinction honorifique* ;

28. — Que, dans le sens de la loi du 28 mai 1858, l'attribution du nom de *de B.* par P. a eu pour but de *revêtir* les *apparences nobiliaires* [1]; qu'en effet, si la possession de la particule détachée du nom patronymique ou reliant ce dernier à un nom terrien n'est pas *une preuve de noblesse, elle en est, dans l'usage, l'indication la plus habituelle* ; qu'on ne saurait douter que P., en s'attribuant le nom de *de B.*, pris en dehors de son acte de naissance et des actes de l'état civil de la famille, n'ait eu en vue une distinction honorifique[2] ;

29. — Que c'est dans le but d'apporter *un terme à cet abus*, beaucoup plus fréquent que celui de la possession indue des titres proprement dits de noblesse, que ces mots *distinction honorifique* ont été substitués à ceux-ci : *titres*

à recourir au conseil d'État, pour couper court à des difficultés toujours possibles ; mais ce recours ne saurait, en bonne logique, infirmer *ipso facto* le droit, *si* ce droit était préexistant.

[1] Il en avait la réalité !!

[2] A laquelle il a droit, puisqu'il est noble.

28. — La loi produira, nous n'en doutons pas, une intimidation salutaire; elle n'aura pas seulement un effet préventif pour l'avenir, elle fera rentrer immédiatement dans le néant et dans l'ombre plus d'une prétention qui avait déjà vu le jour; elle déterminera dans le royaume de la vanité de nombreuses abdications. Ne serait-ce pas la répression la plus désirable et la meilleure?

29. — Nous sommes parvenus au terme de ce travail, et en mesure de vous fixer avec certitude sur le véritable caractère, sur la véritable portée de la loi. Ce caractère ne saurait être douteux pour personne. Nous l'avons déjà dit, il est avant tout moral. Le gouvernement veut d'abord, et nous voulons avec lui, faire cesser le *scandale de falsifications* et de *fraudes déshonnêtes* dans leur *principe*, dommageables dans leurs résultats; assurer le respect des choses respectables, mettre fin à un désordre contre lequel se soulève l'honnêteté publique...

30. Sa portée, quoi qu'on en ait pu dire, est tout entière dans son caractère et dans son objet; il ne *crée point* une nouvelle noblesse; il se borne à *maintenir ce qui existe, et il n'en change pas la nature;* il ne ressuscite pas le passé, il ne prépare pas l'avenir; il faut donc voir et juger la loi telle qu'elle est, et se garder de l'apprécier par des conséquences qu'elle ne renferme pas.

31. C'est en ce sens que nous pouvons dire avec vérité que beaucoup d'esprits en ont *agrandi les de noblesse*, existant au projet de la loi [1]; que l'intention manifeste, dès lors, du législateur de 1858 a été d'atteindre ce que ne réprimait pas le code de 1810, ne punissant que l'usurpation des titres impériaux, et d'élargir le cercle du délit, qui n'est plus circonscrit à l'usurpation de titres, mais qui renferme l'attribution *sans droit de distinctions honorifiques*, c'est-à-dire d'en faire application non-seulement à ce qui implique nécessairement un *état nobiliaire*, mais à ce qui en *emprunte et revêt les apparences ordinaires* [2];

30. — Attendu qu'il faut qu'il n'y ait pas eu bonne foi; que si l'on se reporte à la discussion de la loi du 28 mai 1858, on voit que, dans la pensée du législateur, la bonne foi n'existe plus lorsque l'attribution du nom n'a pas été le résultat soit *de l'erreur*, soit *de l'illusion;*

31. — Attendu que, pour établir qu'il y avait eu de sa part soit erreur, soit illusion, A. P. a produit divers titres et actes:

32. — Les lettres patentes, à la date du 10 mai 1765, délivrées par le roi Louis XV à Pierre-Augustin P., son trisaïeul, lui conférant l'office de conseiller du roi, secrétaire de la maison et couronne de France, à la chancellerie établie près la Cour des aides de Bordeaux,

[1] Cette substitution n'a eu lieu *que* pour établir qu'aujourd'hui, en France, la *noblesse* n'est plus qu'une *distinction honorifique*. V. le texte de M. du Miral ci-contre, § 11. Il n'admet pas de réplique.

[2] Quand on a droit à la réalité, où est le délit?

proportions et *exagéré l'importance.* Ce n'est, en résumé, ni une loi organique, ni une loi fondamentale; c'est tout simplement une loi utile, destinée à améliorer, dans une raisonnable mesure, notre société telle qu'elle existe; c'est moins une loi politique qu'une loi d'honnêteté et de police; ce *n'est pas*, comme des imaginations prévenues ont pu le penser, *le point de départ* d'une tentative de reconstitution sociale; c'est, si l'on veut, un harmonieux complément de l'édifice impérial; ce n'est ni une pierre d'attente, ni la première assise d'un monument aristocratique.

***Extraits des paroles prononcées par le président du conseil d'Etat, dans la discussion de la loi du* 28 *mai* 1858.—*Moniteur* du 9 mai.**

32. La situation (en présence de la loi du 28 mai 1858) sera la même que de 1815 à 1832. L'art. 259 a fonctionné durant toute cette période. En a-t-il jamais été *fait abus?* Déjà pourtant il se commettait quelques usurpations; *a-t-on troublé* dans leur possession légitime ceux qui pouvaient avoir hérité de titres réels, sans qu'il leur fût possible de les *justifier* par des parchemins et des documents perdus au milieu des tourmentes révolutionnaires? Non, sans doute; la loi n'a été un instrument de vexation contre personne; mais, par cela seul qu'elle existait, l'abus des

et l'admettant à jouir des honneurs, prérogatives, etc., de noblesse au 1er degré, en vertu desquelles lettres le titulaire a prêté serment le 18 du même mois, et dans lesquelles fonctions est décédé ledit Pierre-Augustin P., *écuyer,* le 20 mars 1781;

33. — L'extrait délivré, le 21 janvier 1860, par le directeur général des archives de l'empire, du procès-verbal de l'assemblée générale du 17 mars 1789 de la sénéchaussée séant à St-Jean-d'Angély, portant que le sieur DE P.[1], bisaïeul, a voté comme électeur de l'ordre de la noblesse, dont il a été élu le secrétaire, avec voix délibérative;

34. — Attendu que le tribunal *n'est pas compétent* pour statuer sur une question nobiliaire[2], entièrement distincte du fait dont il est saisi; que, en admettant, ce que le tribunal n'est pas et ne peut être appelé à décider, que le trisaïeul et le bisaïeul d'A. P. aient été nobles, et lui aient transmis cette qualité, celle-ci *n'a jamais pu conférer* à leurs descendants le droit de s'attribuer le nom de de B.;

35.— Que le bisaïeul d'A. P. est porté sur la liste indiquant les gen-

[1] Je cite en passant cet exemple du DE placé devant le nom patronymique pour le *nobiliser*, et cela dans une circonstance bien solennelle; il justifie tout mon système sur ce point important.

[2] Est-il incompétent aussi pour s'enquérir si vous êtes *noble*, afin de ne pas vous appliquer la peine infligée aux *seuls usurpateurs* des signes affectant une *attribution de distinction honorifique?* Est-ce un simple fait matériel et brutal dépouillé de sa raison, de son pourquoi, qu'il s'agit de constater, comme on constaterait l'*identité* d'un forçat condamné par *jugement définitif*, et pris en rupture de ban?

usurpations ne s'est produit que dans des proportions infinitésimales. Cela est un fait constant, dont il est impossible de nier la réalité...

33. — L'art. 259 sera appliqué avec *la même modération*, *la même réserve* que par le passé. Si, de temps à autre, la nécessité de quelques exemples se fait sentir, les magistrats, sous la haute direction du chef de la justice, aviseront; de judicieuses poursuites rappelleront à ceux qui seraient tentés de l'oublier, qu'il existe un art. 259 dans le Code pénal. Tels sont les motifs, tel est le but de la loi. Elle est loin d'avoir les *proportions* qu'on lui a gratuitement données, et sous ce rapport elle ne mérite pas la vivacité des attaques dont on l'a honorée...

Extraits de la circulaire de S. Exc. M. le ministre de la justice.

34.— M. le procureur général : La loi du 28 mai 1858, qui modifie l'art. 259 du Code pénal, vient d'être promulguée (*Bull. des lois*, n° 607). Cette loi rétablit, en la complétant, une disposition qui a existé dans nos codes, de 1811 à 1832, et qui n'aurait jamais dû en être effacée. Elle a le double but de *réprimer* les entreprises et les *usurpations d'une vanité coupable*, et de maintenir aux titres légalement conférés ou glorieusement acquis le respect et l'inviolatilshommes du bailliage de St-Jean-d'Angély votant en 1789 sous le nom de P. *de B.*, mais que cette seconde appellation est évidemment terrienne et nullement patronymique, puisque l'acte de naissance dudit P. du 11 mars 1733 [1], constitutif de son état civil, ne lui assigne que le nom de P.;

36. — Attendu que l'inculpé a produit plusieurs actes dans lesquels son bisaïeul René-Joseph-Benoît P., écuyer, est dit seigneur de B. et des B.;—des actes de procédure de 1785 dans lesquels ledit René-Benoît P., écuyer (bisaïeul), est dit seigneur de B. Ch. et autres lieux; — des actes notariés des 3 février 1788, 19 avril, 20 octobre suivants, dans lesquels il reçoit les mêmes qualifications d'écuyer ou chevalier, seigneur de B. Ch.; — l'acte de baptême du 10 février 1788 de Claire d'H., dans lequel figure comme parrain ledit René-Joseph-Benoît P., écuyer, seigneur de B. Ch., et dans lequel il signe ainsi : *P. de B.*;

37. — Attendu que les qualifications féodales étant abolies depuis 1790, A. P. ne pouvait se prévaloir des termes ci-dessus pour s'attribuer le nom de *de B.*, dont le mot qui le précède, *seigneur de* [2], dé-

[1] A cette date, on l'a vu plus haut, son père n'avait pas encore été anobli.

[2] Voilà la doctrine du *dominus* de Loyseau; mais si Loyseau vivait de notre temps, et si on lui demandait de prononcer sur ces graves questions, je crois sincèrement que Loyseau, avec son sens droit et sûr, dirait que, puisque la noblesse n'est plus qu'*une distinction honorifique* dont la seule *utilité* gît dans sa *manifestation*, il y a lieu de sanctionner ce que les mœurs et les habitudes acceptées par la loi de 1858 et par le tribunal lui-même ont substitué aux *qualifications féodales abolies*, pour tenir lieu de la *manifestation* que ces qualifications féodales

bilité que le gouvernement de l'empereur s'honore d'assurer à toute propriété légitime. Elle est enfin destinée à protéger l'intégrité de l'état civil, et à mettre un terme à la modification arbitraire et illicite des noms de famille.

35. — Vous avez déjà compris qu'en présence des faits qu'une trop longue tolérance laissa se produire, la loi nouvelle doit être appliquée avec autant *de prudence* que de fermeté. Sa force est moins aujourd'hui dans le nombre des condamnations qu'elle pourra entraîner que dans les *principes* qu'elle pose et dans les scrupules qu'elle est appelée à ranimer.

36. — J'aurai plus tard, en m'éclairant de l'expérience des faits, à vous retracer d'une manière générale les règles qui devront vous diriger. — Je dois, quant à présent, me borner à vous inviter à ne laisser intenter dans votre ressort *aucune poursuite* relative à des faits prévus par l'art. 259 rectifié du Code pénal, sans avoir provoqué et reçu mes *instructions spéciales*.

37. — Je pourrai ainsi régulariser l'exécution de la loi sur tout le territoire de l'empire, et vous aider à maintenir, dans tous les cas, aux

termine le caractère, et donner à ce nom l'effet de devenir, abstraction faite de l'expression intermédiaire, partie intégrante du nom patronymique[1], alors que, dans aucun acte de l'état civil de la famille P., on ne trouve porté ledit nom de *de B.* sans qualification féodale ; qu'il ne l'est même pas dans les actes avec cette qualification ; qu'il ne pourrait davantage se prévaloir de la signature P. de B. à l'acte de baptême du 10 février 1788, puisque l'expression qui formalise et explique ce nom dans le corps de l'acte est terrien et de la nature sus-qualifiée ;

38. — Attendu que A. P. a compris lui-même combien était douteuse la régularité de la possession pour lui du nom de *de B.*, puisqu'il s'est pourvu pour être autorisé à joindre à son nom celui de *de B.*; que, jusqu'au rejet de sa demande en addition de nom, il a pu se tromper sur l'interprétation des titres et des actes par lui produits ; mais que pour lui l'erreur a dû cesser et l'illusion se dissiper après l'avis négatif exprimé par le conseil d'État du 26 avril 1859 ; qu'à partir de la notification de cet avis, il devait

abolies produisaient autrefois, et qui ne peut se produire autrement aujourd'hui...

[1] Cette doctrine est trop absolue pour qu'elle ne s'incline pas plus tard devant tant d'exemples du contraire. Qu'en dira la cour de cassation lorsque, relisant son arrêt du 15 décembre 1845, elle y verra qu'un individu non noble, acquéreur d'un fief, avait le droit d'ajouter à son nom celui de ce fief, et que ses descendants pouvaient conserver ce surnom, et cela *alors même* que le nom du fief serait déjà le *nom patronymique* de *l'ancien seigneur* du fief, et que les *descendants de celui-ci* seraient *rentrés en possession* de leur ancienne seigneurie? La position de M. A. P. est bien plus favorable que celle de M. Garnier de Falletans, car il possède encore la terre de B., dont ses trois aïeux étaient seigneurs, et qui n'est jamais depuis sortie de sa famille. En droit, le système du tribunal sur la nature de ces appellations, qu'il regarde *à tort* comme féodales, est complétement insoutenable.

poursuites qui seraient jugées nécessaires, *le caractère protecteur* et le but *élevé* qu'elles devront toujours avoir.

38. — Il faut également s'attacher dès à présent à prévenir *les abus* que la loi du 28 mai dernier a voulu atteindre. Vous voudrez bien prendre et prescrire à vos substituts les mesures nécessaires pour que les cours, les tribunaux, les pièces de l'état civil, les notaires et généralement tous les officiers publics n'attribuent désormais aux parties, dans les arrêts, les jugements et les actes authentiques ou officiels, que les titres et les noms qu'elles justifieront être en droit de porter.

Je vous prie, etc.

Signé : *Le garde des sceaux, ministre de la justice*,

E. DE ROYER.

19 juin 1858.

Le lecteur ajoutera à ces textes celui de la circulaire de M. Delangle. *Voir* ci-dessus, p. 19.

s'abstenir de s'attribuer et de signer le nom de *de B.*; qu'il le devait d'autant plus qu'il a le bénéfice incontesté d'un nom honorable et honoré auquel un de ses ancêtres a attaché une célébrité dont la contrée garde un souvenir mérité [1];

39.—Attendu qu'il y a en faveur de A. P. des circonstances atténuantes ;

40. — Le tribunal, après avoir délibéré, déclare P. atteint et convaincu d'avoir en l'année 1859.... *sans droit* et *dans le but de s'attribuer une distinction honorifique* [2], publiquement changé, altéré ou modifié le nom que lui assignaient les actes de l'état civil...;

41.—Pour réparation, *condamne ledit* P. à 16 fr. d'amende; ordonne la mention du jugement en marge des actes, etc.

[1] Pierre Augustin P., jurisconsulte éminent.
[2] A laquelle il a droit... comme noble.

Outre les conséquences regrettables signalées dans ma 9e lettre, qui découlent de ce jugement, au point de vue de l'application d'une *pénalité correctionnelle* à ce qui ne saurait, en bonne conscience, constituer équitablement le véritable délit *créé* par la loi du 28 mai 1858, ce monument judiciaire porte en soi-même une grosse moralité que je ne puis mettre sous le boisseau, et que voici. Le jugement établit :

1° Que le bisaïeul de M. A. P. a été anobli en 1765; 2° que cet anoblissement ayant emporté noblesse au premier degré, le bisaïeul, l'aïeul, le père de l'inculpé, l'inculpé lui-même, sont nobles depuis près d'un siècle; 3° que ses aïeux ont figuré ou signé dans des actes, sérieux au moins, avec le titre d'écuyers, seigneurs *de B.*, et même sans ces qualifications féodales, simplement *de B.*; que dans une circonstance solennelle, en présence de ses pairs, le bisaïeul de l'inculpé a vu son nom patronymique revêtir la particule; 4° qu'il a le bénéfice incontesté d'un nom honorable et honoré, auquel un de ses ancêtres a attaché une célébrité dont la contrée garde un souvenir mérité.

J'ajoute, ce qui est incontestable aussi : 5° que l'héritier de cette mémoire vénérée n'a personnellement rien fait qui autorise à dire qu'il ait répudié cette partie, la plus noble, de son héritage; 6° que M. P. remplit, depuis plusieurs années, une de ces fonctions honorifiques qu'un dévoûment réel à la chose publique peut seul faire accepter par un zèle d'autant plus louable, qu'il est aujourd'hui plus rare dans un certain milieu; 7° enfin qu'il possède encore avec la terre de B., dont ses auteurs se sont qualifiés seigneurs, cet état, cette position de fortune qui ne sont pas indispensables, mais qui conviennent à certains noms...

Eh bien! tous ces titres incontestables et incontestés assurément, le conseil d'Etat ne les a pas trouvés suffisants pour justifier la demande qu'avait cru devoir faire M. P. de B, et qu'il n'avait faite que parce qu'en *son for intérieur* il avait la ferme conviction qu'il réclamait plutôt *justice* que *faveur*.

La porte du conseil d'Etat est donc bien étroite!

On m'a protesté pourtant, et de haut lieu, « qu'elle était large. »

Explique qui pourra cette apparente contradiction...

POST-SCRIPTUM DES POST-SCRIPTA.

St-Hilaire, 25 avril 1860.

Au moment où ces derniers feuillets sont mis sous presse, les journaux judiciaires nous donnent l'analyse d'une décision importante, rendue tout récemment sur ces matières par la cour de cassation.

Le 18 de ce mois (il y a sept jours), la cour, sous la présidence de M. Nicias Gaillard, a jugé « que la faculté de prendre » pour nom ou pour surnom le nom d'une terre *a toujours* » *existé en France,* d'après les principes de l'ancien droit, *non-* » *obstant les anciens édits,* et notamment celui du 26 *mars* » 1555, contre lesquels avaient prévalu constamment l'usage et » la jurisprudence. Le nom d'une terre pouvait être ainsi adopté » par celui qui en avait la propriété, et *même* par celui qui épou- » sait la femme propriétaire de cette terre qui constituait sa dot. » Cet usage, passé en force de loi, *n'a pu être aboli* par les lois » de 1789 et 1790 qui ont supprimé la féodalité, attendu qu'il » *existait au profit des roturiers* aussi bien que des nobles, et » ne constituait pas un privilége féodal, etc. »

Est-ce clair, et n'ai-je pas le droit de faire remarquer que mon livre, au fond, ne tend à rien autre chose qu'à proclamer et à faire appliquer ces principes LIBÉRAUX ?

P.-S. A MON ÉDITEUR. — Dans 24 heures, cette humble brochure aura vu le jour. Je tiens du moins à ce qu'elle dise à ses lecteurs qu'à l'instant même j'apprends que la Cour de Bourges vient d'infirmer le jugement de Châteauroux du 16 janvier 1860, et d'adjuger à M. G. de Vass. toutes ses conclusions.

CH. DE CH.

St-Hilaire, 10 mai 1860.

Poitiers. — Typ. de A. Dupré.

www.ingramcontent.com/pod-product-compliance
Lightning Source LLC
Chambersburg PA
CBHW060802110426
42739CB00032BA/2520

* 9 7 8 2 0 1 1 3 0 2 3 3 5 *